Spiritualità del quotidiano

NESSUN CAMMINO SARÀ LUNGO

José Tolentino Mendonça

NESSUN CAMMINO SARÀ LUNGO

Per una teologia dell'amicizia

Paoline

Titolo originale:
Nenhum Caminho será Longo. Para uma Teologia da amizade

Inst. Miss. Filhas de São Paulo, 2012 - Prior Velho (Portogallo)

Traduzione dal portoghese
di *Manuele Masini*

PAOLINE Editoriale Libri

Via Francesco Albani, 21 - 20149 Milano
www.paoline.it
edlibri.mi@paoline.it
Distribuzione: Diffusione San Paolo s.r.l.
Corso Regina Margherita, 2 - 10153 Torino

«Accanto al tuo amico
nessun cammino sarà lungo»

Proverbio giapponese

PRESENTAZIONE A DUE VOCI

José Tolentino Mendonça è un creativo, nella sostanza e nella forma, e l'una non si separa dall'altra. E secondo me è sempre colto, è sempre poeta ed è sempre parroco.

È sempre colto, di una cultura naturale, interiorizzata, respirata, che non ci schiaccia nella sua ricchezza e varietà tematica solo per il fatto di non essere artificiale, non essere superficiale, né ostentata: è sussurrata all'orecchio, germoglia con una tale spontaneità, con una tale umiltà, che ci seduce, ci arricchisce, ma mai ci umilia.

È sempre poeta, anche quando è prosatore. La sua prosa è sempre poetica. Nel fluire delle parole, nel loro colorito, nel loro mutante significato, ma soprattutto nella sensibilità dell'andare sempre oltre ciò che è scritto, narrato, pensato e comunicato; nelle immagini, nelle intuizioni, nelle suggestioni, nel vedere da sopra ma allo stesso tempo dal di dentro, nel vedere da sopra per captare ciò che è più esteso, nel vedere dal di dentro per conseguire ciò che è più comprensibile.

È sempre parroco, che è come dire che è sempre testimone qualificato della sua fede e *pater* nella pedagogia della scoperta di ciò che di più profondo e migliore esiste nell'essere umano. Testimone qualificato della sua fede, perché nulla di quanto scrive o è vive isolato dal radicalismo di una tale scelta. Una fede incarnata, cioè una fede che viene da prima e prosegue verso il dopo di questo tempo e di questo spazio, ma si sporca le mani nell'uno e nell'altro. Si occupa delle donne e degli uomini in carne ed ossa che lo popolano, soffre delle loro sofferenze, sogna dei loro sogni. *Pater* nella pedagogia della scoperta dell'essere umano, scoperta indissociabile dalla fede, pedagogia che vuole trasmettere la scoperta, paternità che è offerta nella scoperta e nel suo messaggio...

E che viaggio indimenticabile è questo a cui ci invita José Tolentino Mendonça? Alla fine del cammino ci sarà più chiaro per quale ragione c'è spazio per l'amicizia senza svuotare l'amore, c'è tempo per l'amicizia di Dio in questo tempo finito che ci condiziona, ma ci entusiasma.

Questo *Nessun cammino sarà lungo* è un appello affinché riscopriamo Dio negli altri, riscoprendo noi stessi. Non è opportuno leggerlo tutto di seguito, di fretta, con la fretta di voler arrivare. È anzi da leggere pagina per pagina, paragrafo per paragrafo, con lentezza, con la lentezza di chi ha il coraggio di costruire una fraternità nelle cose più insignificanti di questa nostra prima vita... L'amicizia è sempre un'epifania e, pertanto, esiste una teologia dell'amicizia, un senso divino per l'amicizia.

Marcelo Rebelo De Sousa

(estratto dal discorso durante la presentazione del libro nella libreria Fnac-Chiado di Lisbona, 16 ottobre 2012)

***

Questo libro di José Tolentino Mendonça svela il significato profondo dell'amicizia e, allo stesso tempo, il suo segreto: la serena accettazione dei limiti. Una comprensione di questo tipo della nostra relazione con Dio equilibra le metafore erotiche e sponsali che dominano la spiritualità più recente, e illumina l'amore attento e rispettoso che Dio nutre per noi. Un amore che si innalza al livello dell'amore trinitario. L'autore esplora questo tema attraverso un raro insieme di riferimenti, un'immersione profonda nella Parola di Dio, associata anche ad una penetrante comprensione delle radici classiche della nostra civiltà, una sensibilità rispetto alla poesia, purtroppo così assente all'interno della teologia, e intuizioni profonde che saranno certamente accolte con interesse anche da altre culture. Si tratta di un libro che rivela un profondo rispetto per l'altro, un libro che bisogna assaporare.

Timothy Radcliffe, O.P.

INTRODUZIONE

Sembra che la nostra epoca sappia parlare solo d'amore. Mentre assistiamo all'inflazione di questa parola, diminuisce, chiaramente, la sua forza espressiva, che pare sequestrata da un uso equivoco e sonnambulo. Sappiamo sempre meno di cosa stiamo parlando quando parliamo di amore. Ma questo non costituisce un freno. Con la stessa parola designiamo l'amore coniugale e l'attaccamento ad una squadra sportiva, le relazioni fra parenti e quelle di consumo, le aspirazioni individuali più profonde ma anche quelle più frivole. Tutto è amore.

Nell'universo religioso la situazione, purtroppo, non è molto diversa. Il termine amore patisce un utilizzo eccessivo che non favorisce il realismo e l'approfondimento dei percorsi di fede. Il riferimento all'amore è dissipato in omelie, discorsi catechetici, proposizioni morali: un cammino vertiginoso tale da attenuare, se non proprio neutralizzare, il suo significato. Ci siamo abituati a sentire l'appello all'amore, ricevendolo o riproducendolo senza troppa cognizione di causa. Sono convinto che una parte importante del problema risiede nell'assenza di una riflessione sull'amicizia. Chiamiamo ambiguamente «amore» alcune relazioni e pratiche affettive che guadagnerebbero una maggiore consistenza se vi pensassimo come a modalità di amicizia. Lo possiamo dire della stessa relazione del credente con Dio.

Mi piacerebbe molto che questo libro ci spingesse a pensare al significato e alla pertinenza dell'amicizia nei vari ambiti: nella vita personale, nei contesti comunitari e credenti, nella socialità… L'amicizia è un'esperienza universale e rappresenta, per ogni persona, un percorso inesauribile di umanizzazione e speranza. Tuttavia abbiamo bisogno di una sapienza, e anche di una sapienza spirituale, che ci permetta di viverla in modo più pieno.

«I nostri amici fanno parte della nostra vita», ha scritto Raïssa Maritain. Ma non solo: essi la ampliano, cospirano affinché diventi luminosa e autentica, le offrono leggerezza e profondità, la purificano con la verità, la temperano con l'umorismo, insistono sul fatto che essa è fatta di futuro. Gli amici testimoniano al nostro cuore che c'è sempre un cammino, e che nessun cammino sarà troppo lungo.

I.

E SE PARLASSIMO DI AMICIZIA INVECE CHE DI AMORE?

Nella Bibbia troviamo diverse immagini per descrivere la relazione con Dio che provengono dal campo dell'affettività. Esse corrispondono a due paradigmi fondamentali. Uno, ben definito, è quello dell'amore. In effetti la Bibbia descrive Dio a partire dall'esperienza dell'amore coniugale o erotico, se vogliamo. Molte volte la relazione fra Dio e il popolo è descritta come una relazione di fidanzamento, esperienza coniugale, convivio di nozze, e ciò che ne risulta evidenziato è la dimensione di fusione nell'incontro, l'impatto di una corrispondenza totale, uno stato fra l'amalgama gioioso e il possesso. Questo stato è evocato, con nostalgia, nel libro di Geremia: «Mi ricordo di te, dell'affetto [fedeltà] della tua giovinezza, dell'amore al tempo del tuo fidanzamento, quando mi seguivi nel deserto, in terra non seminata» (Ger 2,2)[1]. Dio ha nostalgia di questa intimità, di quando il cuore del popolo non si disperdeva, centrato unicamente nel dialogo con Lui. Era, diciamo, una relazione esclusiva: non c'era nessun altro volto sulla

[1] Le citazioni bibliche sono riprese dalla traduzione CEI 2008. Nei casi in cui la traduzione portoghese di Tolentino si discosta sostanzialmente da quella della CEI, e questa scelta è funzionale al suo discorso, indichiamo fra parentesi quadre tali varianti. [N.d.T.]

faccia della terra, al di là di questo solo il deserto aveva inizio. O anche nel capitolo 16 del libro di Ezechiele: «Passai vicino a te e ti vidi» – Dio sta parlando del suo popolo. «Ecco: la tua età era l'età dell'amore. Io stesi il lembo del mio mantello su di te e coprii la tua nudità [coprii il tuo volto nudo con il mio mantello]. Ti feci un giuramento e strinsi alleanza con te – oracolo del Signore Dio – e divenisti mia [Promisi di amarti. Sì, giurai che mi sarei sposato con te e tu cominciasti ad appartenermi]. Ti lavai con acqua, ti ripulii del sangue e ti unsi con olio. Ti vestii di ricami, ti calzai di pelle di tasso, ti cinsi il capo di bisso e ti ricoprii di stoffa preziosa. Ti adornai di gioielli. Ti misi braccialetti ai polsi e una collana al collo; misi al tuo naso un anello, orecchini agli orecchi e una splendida corona sul tuo capo. Così fosti adorna d'oro e d'argento. Le tue vesti erano di bisso, di stoffa preziosa e ricami. Fior di farina e miele e olio furono il tuo cibo. Divenisti sempre più bella e giungesti fino ad essere regina» (Ez 16,8-13). Si tratta di un momento letterariamente magnifico del testo profetico che rappresenta Israele come una promessa sposa, riccamente adornata per l'incontro nuziale assoluto. Forse il libro in cui, se escludiamo il Cantico dei Cantici, questa metafora nuziale si spinge più lontano è quello attribuito al profeta Osea. In questo passo il popolo di Dio è descritto come una donna che tradisce il marito, e tuttavia questi non rinuncia a sedurla con legami amorosi promettendole fedeltà. E il desiderio di Dio si esprime per bocca del profeta: «E avverrà, in quel giorno – oracolo del Signore – mi chiamerai: "Marito mio", e non mi chiamerai più: "Baal, mio padrone". [...] In quel tempo [...] Ti farò mia sposa per sempre» (Os 2,18-21).

Si tratta di brevi esempi di un vasto patrimonio teologico, e testimoniano come questo esercizio di metaforizzazione dell'amore, nel senso chiaro della rappresentazione della relazione radicale fra Dio e il credente, sia ampiamente attestato in più libri biblici. Certamente il paradigma dell'amore continua (e continuerà) ad essere molto valido e fonte d'ispirazione, ma non per questo non si tratta soltanto di una immagine, per ciò che riguarda la nostra relazione con Dio: un tentativo di approssimazione, un balbettare questo mistero. Non deve, perciò, essere considerato come l'unica via di espressione. La Bibbia insiste, pedagogicamente, su una pluralità di accessi. Parte di questi si aggrega attorno ad un paradigma che qui vogliamo trattare, e che è necessario tornare a scoprire: l'amicizia.

La differenza tra l'amore e l'amicizia

Per la definizione del nostro cammino spirituale è importante che capiamo la differenza fra l'amore e l'amicizia. Con molta facilità, quasi per via di un automatismo, adottiamo il vocabolario dell'amore, che rischia di trasformarsi in una grammatica sonnambula. Diciamo «amo», senza che ciò comporti un certo fremito o corrisponda a un affetto compromettente. Bisogna che pensiamo a ciò che diciamo, quando diciamo che amiamo Dio. In questo senso, il modello dell'amicizia può aiutarci a capire, finanche come contrappunto al sonnambulismo dei nostri enunciati, cosa sia, cosa può essere la nostra relazione con Dio. Il pericolo che il vocabolario dell'amore presenta è quello di perderci nell'indefinito, affogare nell'illimitato della soggettività: non sappiamo bene cosa sia l'amore; è sempre tutto; è un compito smisurato; e questa sua inestricabile totalità, troppe volte, si consuma in una retorica disillusa. L'amicizia è una forma più oggettiva, più concretamente disegnata, che forse è più possibile vivere.

L'amicizia è un'esperienza molto interessante – spiega Françoise Dolto –, perché nell'amicizia esiste una sicurezza senza che allo stesso tempo esista pressione. Ciò che non possiamo conoscere dell'altro lasciamo che rimanga serenamente inconoscibile. Il fatto che non conosciamo tutto non pregiudica la relazione che intratteniamo, cosa che l'amore difficilmente sopporta. Nell'amore la rivelazione deve essere totale, deve essere unica: unica nella franchezza, nell'apertura, in una conoscenza senza pieghe né riserve. Nell'amicizia accettiamo in modo più naturale la differenza, una certa distanza che non viene considerata come ostacolo alla fiducia, ma, al contrario, è condizione della rivelazione del sé. Questa distanza conferisce alla persona libertà di essere autentica, purifica gli amici da qualsiasi tentazione di dominio. L'amicizia non contiene quella rivendicazione di possesso che, molte volte, è caratteristica di un amore eccessivamente egotico, esageratamente narcisistico. Più ancora di quanto succede nell'esperienza dell'amore, l'amicizia è fecondata dall'accettazione ricercata dei limiti. Forse la grande differenza fra amore e amicizia risiede nel fatto che l'amore tende sempre all'illimitato, sospettoso di contorni e frontiere. Se si nasconde una qualche cosa, nella relazione amorosa, ciò, prima o poi, guadagna un peso insopportabile; mentre nell'amicizia, affrontiamo in modo leggero i costringimenti, accettiamo che esista una vita senza di noi e al di là di noi stessi. Ciò non significa che anche nell'amore non sia necessaria l'accettazione di tutto ciò, ma non sono questi il suo idioma, la sua singolarità. È l'amico che fa parte della nostra vita affettiva senza smettere di essere l'altro.

Elogio dell'amicizia nella costruzione del cammino del credente

Sarebbe, in effetti, importante organizzare la nostra relazione con Dio attorno all'amicizia.

L'amicizia può costituire un modello creativo per il cammino del credente, anche se continuiamo a parlare di amore. Ma comprendere questa relazione unicamente a partire dal modello amoroso ci provoca, con frequenza, ansia, incapacità e demotivazione: poiché il regime dominante dell'amore è quello del «tutto o niente», che non conseguiamo, finiamo per rimanercene nel niente, rosi di colpevolezza, cercando di comporre il ritratto della nostra relazione con inflazioni di ritualismo. Idealizziamo così tanto la relazione con Dio, che difficilmente sopportiamo che essa non si inquadri in ciò che, per noi, sono non solo gli esempi perfetti, ma gli unici che ci soddisfano. Ci lamentiamo per non avere la fede di santa Teresa d'Ávila o di Giovanni Paolo II; perché non siamo devoti come la nostra nonna materna o perché non abbiamo l'intensità di adesione che invidiamo al nostro vicino. E ciò ci serve anche come scusa per non fare l'unica cosa che Dio si aspetta realmente da noi: essere noi stessi. Opponiamo una certa resistenza a comprendere che la fede autentica è sempre una fede di briciole, come ci insegna la storia della donna cananea: «Partito di là, Gesù si ritirò verso la zona di Tiro e di Sidone. Ed ecco, una donna cananea, che veniva da quella regione, si mise a gridare: "Pietà di me, Signore, figlio di Davide! Mia figlia è molto tormentata da un demonio". Ma egli non le rivolse neppure una parola. Allora i suoi discepoli gli si avvicinarono e lo implorarono: "Esaudiscila, perché ci viene dietro gridando!". Egli rispose: "Non sono stato mandato se non alle pecore perdute della casa d'Israele". Ma quella si avvicinò e si prostrò dinanzi a lui, dicendo: "Signore, aiutami!". Ed egli rispose: "Non è bene prendere il pane dei figli e gettarlo ai cagnolini". "È vero, Signore – disse la donna –, eppure i cagnolini mangiano le briciole che cadono dalla tavola dei loro padroni". Allora Gesù le replicò: "Donna, grande è la tua fede! Avvenga per te come desideri". E da quell'istante sua figlia fu guarita» (Mt 15,21-28).

È di vitale sapienza abbracciare i limiti come frammenti di verità, come legami di un'intimità che si può sperimentare, ma senza trattenerla. La relazione da costruire con Dio è sempre in libertà, lasciando che Dio sia Dio e sentendo che Dio mi lascia essere me stesso. Dio non mi tratta come una marionetta. Quali aspettative Dio nutre nei miei confronti? Cosa si aspetta Egli da me? Cosa penso, io, che Dio si aspetti da me? A volte naufraghiamo in una concezione perturbata di tutto ciò e ci carichiamo di colpe e altre colpe, in una dolorosa prigione interiore. Anticipiamo pene che Dio, ricco di misericordia (cfr. Ef 2,4), non ci vuole dare. Proiettiamo in Dio aspettative che Egli non può avere a nostro riguardo, perché rispetta la nostra libertà, accetta lo sconosciuto che c'è in noi, l'insolito che ci abita, l'enigma che siamo.

Dio bussa alla nostra porta e non la scardina

Dio viene nella brezza del pomeriggio a visitare il giardino dove si trova il primo matrimonio umano, ma Adamo ed Eva si nascondono da Dio. E Dio domanda: «Dove sei?» (Gen 3,9). Con un misto di ermeneutica e di buon fiuto, la tradizione rabbinica dice che si tratta, forse, dell'unica frase inutile della Bibbia. Come è possibile che Dio domandi «Dove sei?». Se Dio sa tutto, si tratta di una domanda completamente artificiale. Ma se Egli non sa, in effetti, dove si trovi il primo matrimonio umano, allora ciò mette in discussione l'onniscienza di Dio. È un momento imbarazzante della rivelazione biblica. I rabbini, però, ne estraggono una ricca interpretazione spirituale. Solo noi possiamo dire dove siamo – ci insegnano. Dio non ci perseguita, ma amichevolmente aspetta che siamo noi a dirglielo.

Che cambiamento potrebbe rappresentare tutto ciò se lo prendessimo sul serio! Dio rispetta la nostra libertà e la sua aspettativa non è quella di un compagno possessivo, di un rivale che non ci consente uno spazio di creatività e di respiro. La relazione con Dio non è una gabbia, ma un'apertura verso un'ampiezza sempre maggiore. Dio aspetta tutti. E aspetta pazientemente. «Ecco: sto alla porta e busso. Se qualcuno ascolta la mia voce e mi apre la porta, io verrò da lui, cenerò con lui ed egli con me» (Ap 3,20).

In momenti come questo mi capita di pensare ad una poesia di Edith Södergran come ad una preghiera, da apprendere in silenzio:

Non c'è nessuno al mondo che abbia tempo
nessuno, tranne Dio.
E per questo i fiori e l'ultima delle formiche
camminano verso di Lui.
Il miosotide gli chiede che i suoi occhi azzurri
brillino più intensamente.
E la formica gli chiede
più forza per afferrare la pagliuzza.
E le api gli chiedono una canzone trionfale
fra le rose purpuree.

E Dio è presente in tutto.
Senza attendere, l'anziana ha incontrato il suo gatto
vicino al pozzo, e il gatto la sua padrona.
Grande fu la gioia di entrambi
e ancora più grande quando Dio li lasciò assieme
e augurò loro questa meravigliosa amicizia
che è durata quattordici anni…

Dio ha tempo. Dio ci dà tempo. L'aspettativa di Dio è che, nell'autonomia e nella singolarità che siamo, possiamo vivere una vita bella, arrischiarci in una vita autentica. Egli non è la spia metafisica pronta a contabilizzare le nostre mancanze e le nostre deviazioni, o piuttosto ad insignirci a causa delle nostre buone azioni e atti di pietà. Scriveva sant'Ireneo, già nel II secolo: «Colui che è inaccessibile, incomprensibile e invisibile, diventa comprensibile e accessibile agli uomini, al fine di dare la vita a quelli che lo conseguono e vedono… La gloria di

Dio è l'uomo vivo». L'esperienza di Dio è che ciascuno di noi sia se stesso, e viva, viva, viva. È questa, in effetti, l'esperienza dell'amicizia.

L'AMICIZIA È UN PASSARE

È necessario purificare le immagini di Dio che le nostre incertezze e le nostre paure sussurrano. Il paradigma dell'amicizia, applicato alla nostra relazione con Dio, può portare ad un effetto straordinariamente liberatore. L'amicizia è l'accettazione positiva del limite. Arriva un momento in cui ciascuno torna a casa sua, e ciò non costituisce nessun dramma. Al contrario, sappiamo che torneremo a incontrarci; che pur non vedendoci, non ci perdiamo di vista; che l'essenziale permane intatto nella distanza. Pensare in questo modo la nostra relazione con Dio ci colma di serenità e di gioia; c'è un soffio interiore che ci assiste; la nostra preghiera guadagna un respiro che parte realmente da noi stessi anziché svolgersi in un piano di pura astrazione. Perché purtroppo gran parte della nostra preghiera non possiede anima né corpo, non possiede sangue né verità, non possiede argilla né spirito. In fondo, persistiamo in una immagine di Dio che pretende da noi sacrifici, mentre il Dio di Gesù Cristo vuole la vita giusta, piena, innalzata alla sua gioia.

Un esempio di fede basata sull'amicizia è quello di Mosè. Mosè parla con Dio faccia a faccia, come un uomo davanti al suo amico (Cfr. Es 33,11). Abbiamo bisogno anche di questo, di sentirci davanti a Dio e di parlare con Lui come un uomo, come una donna parlano con un amico, con una amica. Abbiamo bisogno di raggiungere questa fluidità di relazione e sentire che c'è un «tu per tu», volti messi di fronte, un cuore davanti ad un altro cuore. Questa prossimità non scalfisce la trascendenza di Dio. Dio continua a dire: «[Mosè], farò passare davanti a te tutta la mia bontà [bellezza] [...] Ma tu non potrai vedere il mio volto, [...] vedrai le mie spalle, ma il mio volto non si può vedere» (Es 33,19-23). Si tratta di un'esperienza che si fa fra amici. Da un lato si guardano in fondo agli occhi, ma, dall'altro, accettano di vedere il tutto soltanto nella parte, nella visione incompleta, nel gesto non finito. Nell'amicizia, accettiamo dall'altro quello che egli ci dà o ci può dare, e facciamo di ciò un punto di partenza gioioso. L'ansia di voler sapere tutto, di sventrare, di scrutinare, è proiezione di una volontà di dominio, desiderio di potere. L'amicizia è un passare. Dio passa la sua bellezza davanti a Mosè e Mosè ne vede una parte, che è ciò che può vedere. Se vivessimo in questo modo la nostra esperienza spirituale, questa sarebbe più pacificata, più adulta e certamente più feconda. Dobbiamo aprire le mani, lasciare che Dio passi. La fede pasquale non è altro che questo: passaggio, transito, traffico di bellezza, epifania, rivelazione che non si tocca. *Noli Me tangere*, «Non mi trattenere» (Gv 20,17), dice il Resuscitato alla discepola. Noi ci troviamo davanti a Dio come amici, nella gratitudine di una relazione.

Amare Dio in cambio di niente

Dio rispetta la nostra libertà, non ci vuole imprigionare. Dio creatore ama la nostra capacità creativa.

Non siamo opere statiche nelle sue mani. È vero che ci colpisce sempre la tentazione di un certo provvidenzialismo («Dio soccorrimi, Dio fai questo, fai quello...»), quando l'importante è l'esperienza fondamentale di sapere che Egli è presente, e ci considera amici. Dio lo fa senza volerci controllare, addomesticare, senza invadere il nostro segreto. A volte, la nostra ansia di essere sottratti alle sofferenze del presente rende la religione una cosa molto confortevole, fatta su misura, come se la religione fosse un club di fuggiaschi. Se la religione è un'assicurazione sulla vita, pratichiamola, perché no? Il cammino dell'amicizia con Dio, però, è un altro. È necessario amare Dio in cambio di niente. Amarlo, semplicemente. «La rosa è senza perché, fiorisce perché fiorisce; non pensa a sé, non si chiede se la si veda oppure no...», insegna Angelus Silesius. O, come ha scritto Gertrude Stein: «una rosa è una rosa è una rosa».

Amare Dio senza pretendere nulla in cambio. Santa Teresa del Bambin Gesù diceva: «Anche se il paradiso non esistesse, continuerei ad amare Dio». Dobbiamo oltrepassare una certa concezione del cristianesimo come macchina di castighi e ricompense. I santi ci insegnano il mistero dell'amicizia divina: accettare ciò che Dio mi vuole dare, accettare la notte e il niente, il silenzio e l'indugio, accettare la grazia e la debolezza. Accettare, accettare. Fare di tutto cammino. Quando siamo disposti a ciò, ci troviamo finalmente a immergerci in una esperienza di amicizia. Non apprezziamo i nostri amici solo per quello che ci danno: possono venire a mani vuote, noi li amiamo lo stesso. A dire il vero, a volte le cose, in amicizia, ostacolano e basta. Anche la nostra relazione con Dio passa dalle mani vuote, là dove ciò che è fondamentale è l'incontro, quello che, misteriosamente e gratuitamente, si comunica da cuore a cuore.

Non c'è bisogno di parlare

Come facciamo a capire che due persone che non conosciamo sono amiche? Dal modo in cui conversano? Certo. Dal modo in cui ridono fra loro? Certo che sì. Ma lo capiamo ancor più dal modo in cui nitidamente abbracciano, con serenità e gioia, il silenzio reciproco. Gli amici possono stare assieme in silenzio. Fra le mere conoscenze è imbarazzante, sentiamo immediatamente la necessità di intrattenere una conversazione, di occupare lo spazio in bianco della comunicazione; rimanere in silenzio ci reca fastidio. Con gli amici il silenzio non ha nulla di imbarazzante. Il silenzio è un vincolo che unisce. Leggo un testo di Ruben Alves, il teologo brasiliano: «Amica è quella persona in compagnia della quale non c'è bisogno di parlare. Ecco qui un test per capire quanti amici si hanno: se il silenzio fra di voi vi arreca ansia, se, quando gli argomenti scarseggiano, vi mettete a cercare parole per riempire il vuoto e mantenere la conversazione animata, allora la persona con cui state non è amica, perché amico è qualcuno la cui presenza ricerchiamo non a causa di ciò che si farà assieme… La differenza è che, quando la persona non è amica, finito l'allegro e animato programma, ci giungono un silenzio e un vuoto che ci sono insopportabili. In questi momenti, l'altro si trasforma in un fastidio che ingombra lo spazio da cui speriamo di congedarci ansiosamente. Ci vogliamo liberare di quella persona. Con l'amico è diverso: non c'è bisogno di parlare».

Credo che sulle porte delle Chiese si dovrebbe collocare questo cartello: «non è necessario parlare». Trasformare la preghiera in una forma di chiacchiera è un intrattenimento vano. Ma se assumiamo che l'amicizia è stare in compagnia, anche senza parlare, allora l'esercizio della preghiera si approfondisce, raggiunge altri livelli, ci apre il cammino verso altre dimensioni dell'essere. Non è necessario parlare. Basta la consolazione di stare uno accanto all'altro. Amico è qualcuno la cui semplice presenza arreca gioia, indipendentemente da ciò che si può fare o dire. L'amicizia non è ostaggio dei programmi, così come la preghiera esige di non essere sequestrata dal discorso. «Pregando, non sprecate parole» (Mt 6,7), raccomanda Gesù.

La poetica dell'amicizia

Una storia orientale racconta di un albero solitario che stava ben in vista sulla cima di una montagna. Non era stato sempre così. Nel passato, tutta la montagna era ricoperta di alberi meravigliosi, alti e smilzi, che i legnaioli, uno ad uno, avevano tagliato e venduto. Ma quell'albero era storto, non poteva essere trasformato in tavole... Poiché era inutile per i loro propositi, i legnaioli lo avevano lasciato lì. Dopo, vennero i cacciatori di essenze alla ricerca di legnami profumati, ma l'albero storto, poiché non possedeva nessun profumo, fu disprezzato e, una volta ancora, lasciato in piedi. Poiché era inutile, sopravvisse. Oggi, è solo nella montagna, si vede da lontano su quella cima, e i viandanti sospirano per potersi sedere alla sua ombra.

Un amico è come quell'albero: vive della sua inutilità. Anche la nostra spiritualità deve essere inutile, per essere più che un momento, più che una necessità, per persistere, per accogliere la danza dell'eterno. Non è raro che la necessità avveleni la nostra relazione con Dio. Orbene, l'amico non è il necessario: è l'eletto, il gratuito. A ragione diciamo: «Un amico è un fratello che abbiamo scelto». Io scelgo, io mi sento scelto: scambio del gratuito senza perché.

Un amico è come quell'albero. Può anche essere utile, ma non è questo che lo rende un amico. La sua inutile fedele presenza nella nostra vita rende la nostra solitudine un'esperienza di comunione. Davanti all'amico, sappiamo che non siamo soli. Cosa che si legge nell'indimenticabile passo del profeta Isaia: «Non temere, perché io ti ho riscattato, ti ho chiamato per nome: tu mi appartieni. Se dovrai attraversare le acque, sarò con te, i fiumi non ti sommergeranno; se dovrai passare in mezzo al fuoco, non ti scotterai, la fiamma non ti potrà bruciare [...]. Non temere, perché io sono con te» (Is 43,1-2.5).

Pensiamo, dunque, alla relazione di Dio come ad una relazione di amicizia. Pensiamo a ciò che l'esperienza di amicizia apporta, di illuminante, per strutturare la nostra relazione con Dio: l'accettazione dell'altro, il riconoscimento sereno dei limiti, la differenziazione, l'assenza di dominio, la libertà, la gratuità, la pura contemplazione, il non trattenere, la percezione che l'altro è passaggio nella mia vita e passaggio che, da dentro, mi feconda. Gli amici sono interessati al concreto, al particolare, alla piccola scala, al racconto semplice, all'inutile apparente, al correre indifferenziato del tempo, alla schiuma dei giorni. Ricorrendo ad una bella espressione di Walter Benjamin, gli amici sanno che ogni secondo che passa è la piccola porta attraverso la quale può entrare il Messia.

II.
FIGURE BIBLICHE DELL'AMICIZIA

La Bibbia riconosce l'importanza della vera amicizia e si prodiga in parole per mettere in rilievo il suo valore. Il Libro del Deuteronomio parla dell'amico (*réa*, in ebraico) come colui o colei che «è come te stesso [che tu ami come te stesso]» (13,7); e il libro dei Proverbi come di «amici più affezionati di un fratello [qualcuno che ti è più vicino di un fratello]» (18,24). Nell'amicizia, è il cuore che risponde al cuore (cfr. Pr 27,19). E come «Profumo e incenso allietano il cuore [...], il consiglio dell'amico addolcisce l'animo [l'olio e i profumi rallegrano il cuore, i consigli di un amico affettuoso sono dolci]» (Pr 27,9). Nel libro di Ben Sira incontriamo l'elogio del vero amico: «Un amico fedele è rifugio sicuro: chi lo trova, trova un tesoro. Per un amico fedele non c'è prezzo, non c'è misura per il suo valore. Un amico fedele è medicina che dà vita: lo troveranno quelli che temono il Signore» (Sir 6,14-16).

Tuttavia, chi volesse cogliere il pensiero biblico dell'amicizia in modo più profondo, dovrebbe mettersi ad ascoltare le sue storie. Anche qui la teologia che la Bibbia presenta è eminentemente narrativa. E non dobbiamo avere dubbi: abbiamo bisogno di questa sapienza. Le storie ci trasmettono la conoscenza non come processo di astrazione, ma come intensità di un'esperienza nella quale siamo chiamati ad entrare.

Dio e Abramo

Il viaggio attraverso le storie dell'amicizia nella Bibbia ci porta a questo riferimento sorprendente che appare nel libro di Isaia: «Ma tu, Israele, mio servo, tu Giacobbe, che ho scelto [eletto], discendente di Abramo, mio amico» (Is 41,8). Si enunciano qui modelli differenti di relazione (servo, eletto, amico), tutti quanti accompagnati dalla nota affettiva conferita dal possessivo «mio». Dietro a ciascun modello esiste una percezione di ciò che noi siamo e di ciò che Dio è, dal momento che la frase è posta nella sua bocca. Ebbene, sullo stesso piano di categorie fondamentali come «servo» e «eletto» (che ci rimandano al campo di rappresentazione del potere, in un tipo di regolazione che sarà poi il vincolo esistente fra signore e vassallo) si trova anche una categoria di natura diversa, quella di «amico». Com'è che Abramo diventa «l'amico» di Dio? Attraverso la costruzione di una relazione di fiducia (da cui deriva, peraltro, la parola «fede»)? Attraverso un patto di reciprocità che si stabilisce fra entrambi? Senza dubbio. Ma anche grazie a un insieme di dettagli minori, segni del quotidiano, quasi indicibili, che ci introducono nell'universo caratteristico della grammatica dell'amicizia: guardare assieme verso la stessa direzione (cfr. Gen 15,5); mantenere una sollecitudine tradotta in gesti (Dice Dio: «Non temere, Abramo. Io sono il tuo scudo», Gen 15,1); darsi alla pratica dell'ospitalità (Gen 18,1-5: «Poi il Signore apparve a lui [ad Abramo] alle Querce di Mamre, mentre egli sedeva all'ingresso della tenda nell'ora più calda del giorno. Egli alzò gli occhi e vide che tre uomini stavano in piedi presso di lui. Appena li vide, corse loro incontro dall'ingresso della tenda e si prostrò fino a terra, dicendo: "Mio signore, se ho trovato grazia ai tuoi occhi, non passare oltre senza fermarti dal tuo servo. Si vada a prendere un po' d'acqua, lavatevi i piedi e accomodatevi sotto l'albero. Andrò a prendere un boccone di pane e ristoratevi; dopo potrete proseguire"»).

Dio e Mosé

L'amicizia di Dio è una possibilità sempre aperta. È molto importante constatare come questa si ripete. «Quando Mosè entrava nella tenda, scendeva la colonna di nube e restava all'ingresso della tenda, e parlava con Mosè. [...] Il Signore parlava con Mosè faccia a faccia, come uno parla con il proprio amico» (Es 33,9.11). In effetti, la rivelazione di Dio non è soltanto la legge che si può scrivere su una pietra e che vi rimane perennemente codificata. È anche una scrittura interiore, un vissuto, un affetto che ci attraversa, un'accoglienza mutua, un'intimità. L'esperienza di Dio prima di essere un'esperienza normativa è un'esperienza mistica. E la norma deve esprimere e servire questo avvenimento grandissimo che è l'amicizia, tradurla in alleanza e nel permanere, senza tempo, faccia a faccia, «come uno parla con il proprio amico».

Rut e Noemi

Dopo che i figli presso i quali viveva sono morti, la vedova Noemi prende congedo dalle nuore, Orpa e Rut, e si prepara a far ritorno, da sola, alla sua terra di Israele. «Piena [a mani piene] me n'ero andata, ma il Signore mi fa tornare vuota [a mani vuote]» ella dice nel suo pianto (cfr. Rt 1,21). In un mondo pieno di cicli migratori, sentiamo il lamento di Noemi tutti i giorni. Gli emigranti partono pieni di speranza riposta in un futuro che li riscatti e, tuttavia, non sempre è così. Spesso sono obbligati a far ritorno al punto di partenza ancora più poveri e feriti.

Noemi si ripropone di partire da sola, ma Rut insiste nel condividere la sua sorte. Il giuramento di amicizia che Rut allora dedica a Noemi costituisce una delle pagine indimenticabili del patrimonio biblico: «dove andrai tu, andrò anch'io, e dove ti fermerai, mi fermerò; il tuo popolo sarà il mio popolo e il tuo Dio sarà il mio Dio. Dove morirai tu, morirò anch'io e lì sarò sepolta. Il Signore mi faccia questo male e altro ancora, se altra cosa, che non sia la morte, mi separerà da te» (16-17). Noemi manifesta per Rut una compassione equivalente e, una volta giunta in terra di Israele, escogita uno stratagemma romanzesco affinché ella incontri un pretendente e si sposi di nuovo. Quando il piano di Noemi si concretizza, Rut, straniera, entra direttamente nella genealogia reale, diventando bisnonna del re Davide.

Un aspetto interessante di questa amicizia, tipico della sua grammatica, è che non è stata propriamente ricercata. Si è anzi trattato del riconoscimento immediato di due anime che si indovinano l'una con l'altra. Il testo ebraico di 1Sam 18,1 utilizza significativamente un passivo: «la vita [l'anima] di Giònata s'era legata [strettamente] alla vita [all'anima] di Davide». In effetti, l'amicizia è il dono che non si spiega. Detto ciò, è ugualmente vero che la cornice storica del loro incontro non è affatto irrilevante. Davide aveva appena vinto Golia, in una prova che aveva rivelato audacia, ma anche fiducia nella protezione di Dio. L'azione di Davide dette a Giònata la possibilità di conoscere qualcosa su di lui. E in Giònata crebbe un sentimento di ammirazione per Davide. In questo senso, è opportuno ricordare il commento di Aelredo de Rievaulx che vedeva nell'amicizia spontanea di Giònata e Davide anche una ponderazione illuminata dalla ragione. L'amicizia nasce «in presenza di virtù»: «Giònata, l'amico della virtù, fu portato a sperimentare affettività nei confronti di un giovane virtuoso».

D'altro canto, il primo libro di Samuele ci racconta che «Giònata lo amò [Davide] come se stesso». Questo «come» implica un riconoscimento e una pratica di uguaglianza: Davide era già un eroe, ma non era altro che un pastore, al momento; Giònata era il figlio del re. Essi dovranno collocarsi su un piano di uguaglianza per guardarsi come amici. Ma che Giònata ami Davide come se stesso, è anche il compimento del comandamento: «Amerai il tuo prossimo come te stesso» (Lv 19,18).

L'amicizia è la pienezza della Legge. La sua perfezione.

Quando l'insicurezza e la patologia del re Saul si manifesteranno in una animosità persecutoria in relazione a Davide, Giònata agirà in difesa dell'amico: prima cercando di favorire la riconciliazione con il re, e poi proteggendo Davide nella clandestinità. Davide e Giònata approfondiscono la loro amicizia con la celebrazione di un patto, che è una sorta di sacramento. Dicono: «Riguardo alle parole che abbiamo detto tu e io, ecco è testimone il Signore tra me e te per sempre» (1Sam 20,23). L'amicizia è un'esperienza che lo stesso Dio testimonia. L'amico è la certezza che Dio non ci abbandona.

L'amicizia di Giònata e Davide diventerà un modello nella vita e nella morte. Davanti alla furia senza retrocessioni del re Saul, gli amici devono separarsi. È un congedo intensissimo dove la commozione non viene nascosta. E, cosa scandalosa per la cultura del tempo, il testo biblico mostra due uomini che piangono e si abbracciano: «Partito il ragazzo, Davide si alzò da dietro la collinetta, cadde con la faccia a terra e si prostrò tre volte, poi si baciarono l'un l'altro e piansero insieme, finché Davide si fece forza. E Giònata disse a Davide: "Va' in pace, ora che noi due abbiamo giurato nel nome del Signore in questi termini: Il Signore sia tra me e te, tra la mia discendenza e la tua discendenza per sempre"». (1Sam 20,41-41). In verità, questo patto dell'amicizia sopravviverà alla stessa morte.

Quando Giònata vien ucciso per mano dei filistei, Davide gli dedica una delle elegie più belle della poesia universale (2Sam 1,26) e che rappresenta, di diritto, un emblema dell'amicizia.

Una grande pena ho per te,
fratello mio, Giònata!
Tu mi eri molto caro;
la tua amicizia era per me preziosa
[era meravigliosa],
più che amore di donna.

C'è chi, giustamente, suggerisce che il verso «la tua amicizia era per me meravigliosa» sia tradotto con «la tua amicizia era per me miracolosa», poiché la categoria di «meraviglia» aveva allora un evidente senso religioso: designava l'azione prodigiosa di Dio nella storia. L'amicizia può essere, come molte volte è, un perfetto miracolo.

Un ultimo elemento da sottolineare nella storia di questa amicizia. La domanda del re Davide: «C'è forse ancora qualche superstite della casa di Saul, che io possa trattare con bontà a causa di Giònata?» (2Sam 9,1). Davide diventa un protettore per i discendenti di Giònata. Suo figlio e suo nipote mangiavano «alla tavola di Davide, come uno dei figli del re» (2Sam 9,11).

Davide e Barzillài

Quando Assalonne si rivoltò contro Davide, suo padre, e questi dovette fuggire, ci viene raccontata l'amicizia con l'ottuagenario Barzillài, un uomo della regione di Galaad. I momenti più difficili sono molte volte fertili di manifestazioni di speranza, che avvengono per pura grazia.

Il patto amichevole si stabilisce, prima di tutto, sotto forma di compassione e di ospitalità. «Questa gente ha patito fame, stanchezza e sete nel deserto» (2Sam 17,29), valuta Barzillài, mettendosi ad aiutare Davide e i suoi soldati. Però, l'iniziativa materiale di aiuto si trasforma in un'amicizia più profonda, in cui ciò che è l'essenziale è il sapore della presenza mutua. Un gesto di compassione non ha sempre la capacità di crescere verso un'amicizia, ma è molto bello quando ciò succede. Davide gli propone: «Vieni con me; io provvederò al tuo sostentamento presso di me [per riposare presso di me], a Gerusalemme» (2Sam 19,34). Barzillài, tuttavia, preferisce passare gli ultimi giorni nella sua terra, e chiede a Davide che accetti la compagnia di uno dei suoi figli. «Allora il re baciò Barzillài e lo benedisse; quegli tornò a casa» (2Sam 19,40). Il patrimonio dell'amicizia è ricolmo di finali come questo.

Eliseo e la Sunamita

È un'amicizia che comincia con l'invito a condividere un pasto. «Un giorno Eliseo passava per Sunem, ove c'era un'illustre donna, che lo trattenne a mangiare. In seguito, tutte le volte che passava, si fermava a mangiare da lei» (2Re 4,8). La condivisione della mensa permette una conoscenza e una sollecitudine crescenti. La famiglia amica del profeta decide, dunque, di costruire una stanza nel suo terrazzo (ed è toccante l'enumerazione dei dettagli: «un letto, un tavolo, una sedia e un candeliere» – 2Re 4,10) affinché egli vi possa riposare ogni volta che li visita. In favore della Sunamita e del suo sposo Eliseo fa a sua volta una promessa di fecondità: «L'anno prossimo, in questa stessa stagione, tu stringerai un figlio fra le tue braccia» (2Re 4,16). Oltre al miracolo, tipico dell'attività profetica, possiamo qui intravedere il miracolo del quotidiano, ugualmente trasformatore, che l'amicizia genera. Gli amici si aiutano a vincere tante forme di sterilità: rendono la nostra vita irradiante. Tuttavia, esiste un secondo miracolo, perché il bambino muore, ma è rianimato da Eliseo. Ma anche in questo caso è importante che ci soffermiamo sulla forma estremamente umana con cui la storia ci viene raccontata. Quando un servo del profeta vuole allontanare la Sunamita e il suo pianto, Eliseo lo rimprovera: «Lasciala stare, perché il suo animo è amareggiato» (2Re 4,27). Gli amici non difendono soltanto il nostro sorriso: ci offrono il tempo necessario per piangere tutto ciò per cui dobbiamo piangere.

Gli amici di Giobbe

La storia personale di Giobbe è così conosciuta che si trasforma in una sorta di icona della sofferenza umana. Giobbe cerca di vivere con rettitudine, davanti a Dio e agli uomini, ed è duramente fustigato dall'esperienza del male; un male che si abbatte su di lui con totale smisuratezza, come un osceno assurdo in relazione al quale non riesce a trovare risposta. Il grido di Giobbe è una protesta, un'anti-preghiera, una insubordinazione che collide con tutti i sistemi esplicativi. Allora Giobbe azzanna il silenzio di Dio per chiedergli: «Fammi sapere di che cosa mi accusi [mostrami la ragione per cui mi affliggi]» (Gb 10,2).

Ci sono tre amici che vengono a dibattere con lui. E chi sia stato provato dalla sofferenza, o l'abbia accompagnata, sa bene come, in quei momenti, le chiacchiere delle spiegazioni suonino inutili e scandalose come un insulto. Forse in nessun altro luogo come nel dolore ci accorgiamo della retorica della consolazione ripetuta in modo meccanico e, in fondo, priva di compromesso. Ma Elifaz, Bildad e Sofar discutono a lungo. Gianfranco Ravasi scrive: «I tre amici sono anche tre rappresentanti della realtà teologica e ideologica. Essi incarnano tre risposte fondamentali: quella della sapienza, quella della profezia e quella del diritto. Sono i teologi, i filosofi. Sono tutti coloro che lungo la storia dell'umanità hanno cercato una soluzione per le interrogazioni: perché il male? Ha senso credere davanti all'assurdo del dolore? E hanno prodotto le loro ricette ideologiche accuratamente confezionate. Il libro di Giobbe diventa dunque una polemica affilata contro le ideologie facili, slegate dalla realtà, talmente elaborate nello studio che sembrano provenire da una torre d'avorio, senza nessun ponte di comunicazione con il mondo reale». Perciò, Giobbe risponde a questi amici che si sbagliano: «Quel che sapete voi, lo so anch'io; non sono da meno di voi. Ma io all'Onnipotente voglio parlare, con Dio desidero contendere» (Gb 13,3). Ed è ciò che succederà. La teologia di protesta di Giobbe ci insegna, fra le altre cose, che l'amicizia non potrà falsare mai le ricerche di senso, nemmeno le più esigenti e solitarie.

Il mio amico aveva una vigna

Una delle riflessioni bibliche più limpide sull'amicizia è quella del «Canto dell'amico» che appare nel libro di Isaia (Is 5,1-7): «Voglio cantare per il mio diletto [amico] il mio cantico d'amore per la sua vigna». La vigna è apertamente allegorica come rivela lo stesso testo: «La vigna del Signore degli eserciti [dell'universo] è la casa d'Israele; gli abitanti di Giuda sono la sua piantagione preferita». Ma gli amici sono reali: il profeta e Dio.

Il dato più singolare in questo poema meraviglioso è che il profeta si colloca come amico accanto a Dio, confortandolo nella difficoltà, compromettendosi con Lui in un momento di crisi: «Che cosa dovevo fare ancora alla mia vigna che io non abbia fatto?» (Is 5,4). È vero che la decisione sul destino di una vigna che è stata colmata di attenzioni, ma produce solo uva acerba, spetta, in fin dei conti, a Dio. Ma Dio chiede il nostro aiuto nel giudizio («siate voi giudici fra me e la mia vigna», Is 5,3). Nel mistero in cui consiste l'amicizia, intravediamo in Isaia quello che, per esempio, una nostra contemporanea, Etty Hillesum, dirà esplicitamente: «siamo noi che dobbiamo aiutarti [oh Dio], e, aiutandoti, aiutare noi stessi. E questa è l'unica cosa che possiamo preservare in questi tempi, e anche l'unica che conta».

Gesù e Lazzaro

Nel ritratto di Gesù che il Nuovo Testamento ci offre, l'amicizia svolge un ruolo esteso e fondamentale. La relazione con i discepoli era evidentemente un'esperienza di amicizia: «Non vi chiamo più servi, perché il servo non sa quello che fa il suo padrone; ma vi ho chiamato amici» (Gv 15,15). Anche la relazione con i peccatori, se consideriamo l'accusa di cui era bersaglio, «un amico di pubblicani e di peccatori» (Lc 7,34), non si costruiva in altro modo. Ma l'unico personaggio singolare, di tutto il Nuovo Testamento, che viene esplicitamente chiamato amico di Gesù, è Lazzaro di Betània, fratello di Marta e di Maria. I tre, nel loro insieme, bene si inseriscono nella definizione di «amici», e parlerò di Marta e di Maria più avanti.

Per ora ci interessa la domanda: come riesce la storia dell'amicizia fra Gesù e Lazzaro, nel segmento narrato dal Vangelo, a illuminare quel mistero che ogni amicizia costituisce? Mi pare che ne emergano chiaramente quattro aspetti:

1) Contare come amico. Marta e Maria fanno avvisare Gesù dello stato di Lazzaro, «Signore, ecco, colui che tu ami è malato» (Gv 11,3), e sono sicure che egli si farà presente, anche se ciò implica un grande sconvolgimento («poco fa i Giudei cercavano di lapidarti e tu ci vai di nuovo?», Gv 11,8 – domandano, sconcertati, i discepoli). Ma la verità è che Gesù viaggia verso Betània come un qualsiasi amico che non può evitare di assistere il suo amico, nell'ora della malattia o del lutto.

2) Piangere il proprio amico. Rallegrarsi con le allegrie dell'altro come se fossero proprie; e commuoversi con i suoi dolori, alla stessa maniera. Gesù si commuove profondamente (come ci racconta il testo evangelico, per due volte: Gv 11,33.38) e piange (Gv 11,35). E questa immagine del pianto di Gesù davanti alla morte dell'amico dice quello che le parole non riescono a dirci.

3) Testimoniare fino alla fine (e al di là della fine) la vita dell'amico. L'episodio della morte di Lazzaro costituisce l'opportunità per la rivelazione divina di

Gesù: «io credo che Tu sei il Cristo, il Figlio di Dio, colui che viene nel mondo» (Gv 11,27), confessa Marta. Ma a ciascun amico è affidata la missione di ripetere le parole di Gesù, offrendone testimonianza: «Tuo fratello risorgerà» (Gv 11,23). Come ciò si realizza: conservando la memoria, mantenendo viva la comunione con il patrimonio spirituale che la vita dell'amico costituisce e credendo nel trionfo della vita sulla morte che Gesù prefigura.

4) Ritornare all'amico. L'amicizia, in effetti, è alimentata da molteplici incontri e ritorni. Superata l'esperienza-limite per la quale passa Lazzaro, Gesù lo visita, più tardi, per celebrare assieme il sapore dell'amicizia e il suo profumo: «Gesù andò a Betània, dove si trovava Lazzaro, che egli aveva risuscitato dai morti. E qui fecero per lui una cena: Marta serviva e Lazzaro era uno dei commensali. Maria allora prese trecento grammi di profumo di puro nardo, assai prezioso, ne cosparse i piedi di Gesù, poi li asciugò con i suoi capelli, e tutta la casa si riempì dell'aroma di quel profumo» (Gv 12,1-3).

Paolo e i coniugi Prisca e Aquila

Oggi gli studi su Paolo sottolineano giustamente il contributo apportato da un insieme di co-attori, vincendo l'idea dell'apostolo come eroe solitario. In effetti, ad ogni momento, per la smisurata attività missionaria di Paolo è stata determinante la rete, il lavoro di équipe, la complementarità (perfino di temperamenti), le delegazioni e, è chiaro, l'amicizia. Molte sono le storie di amicizia che Paolo ha vissuto. Raccontiamone una: quella che legò Paolo ai coniugi Prisca e Aquila. I caratteri di questa relazione sono presenti in vari scritti: nella Lettera ai Romani, ai Corinzi, nella seconda lettera a Timoteo e negli Atti degli Apostoli.

Aquila era per nascita un ebreo del Ponto (regione della Turchia attuale), sebbene il suo nome fosse latino. La prima notizia che ne abbiamo è che visse a Roma, dove probabilmente conobbe Prisca, sua moglie, conosciuta anche con il diminutivo di Priscilla. Quando l'imperatore Claudio promulgò l'editto di espulsione dei giudei residenti a Roma, loro due, pur convertiti al cristianesimo, si rifugiarono nella città greca di Corinto.

Fu a Corinto che si dette l'incontro con Paolo. Giacché fra l'altro svolgevano la stessa professione, fabbricanti di tende, «[Paolo] si stabilì in casa loro e lavorava» (At 18,3). La sua amicizia è per questo un'esperienza ampia e profonda di ospitalità. Da Corinto viaggiarono assieme verso Efeso, altro centro strategico dell'evangelizzazione, sulla rotta di Paolo. Vediamo in effetti Priscilla e Aquila ad Efeso, impegnati nella formazione di un neofita di nome Apollo (At 18,26). Sia in un luogo sia nell'altro, questa famiglia amica costituì una retroguardia affettiva di sollecitudine e collaborazione con l'apostolo.

Quando, da Efeso, Paolo scrive ai Corinzi, sappiamo che Priscilla e Aquila sono con lui, perché nella parte finale dei saluti troviamo questo riferimento: «Vi salutano molto nel Signore Aquila e Prisca, con la comunità che si raduna nella loro casa» (1Cor 16,19). È suggestiva la menzione alla loro casa come fosse una «Chiesa domestica» in cui la comunità si riuniva attorno alla Parola e per Spezzare il Pane.

Quando l'editto di Claudio cessa, i coniugi tornano a Roma, ma la distanza non attenua l'amicizia, né la gratitudine. Nella lettera che scrive ai cristiani di Roma, Paolo formula un sentito elogio: «Salutate Prisca e Aquila, miei collaboratori in Cristo Gesù. Essi per salvarmi la vita hanno rischiato la loro testa, e a loro non io soltanto sono grato, ma tutte le Chiese del mondo pagano» (Rm 16,3-4). Segnale del fatto che i veri amici non si dimenticano mai sono ancora i saluti inviati da Paolo in 2Tm 4,19: «Saluta Prisca e Aquila».

III.
PENSARE L'AMICIZIA

Mentre l'esperienza dell'amore ha incontrato nelle lingue greca e latina una pluralità di termini che la descrivono, l'amicizia vi appare prevalentemente concentrata in due termini: *filía* in greco e *amicitia* in latino. Ma, in origine, il senso di entrambi era ancora molto mescolato al campo dell'amore: solo progressivamente l'amicizia sarà messa in evidenza come realtà che si definisce autonomamente. Il vocabolo *philos* cominciò con significare «caro, stimato», in un senso assimilato al valore del possessivo «mio». In Omero ciò che caratterizza l'amicizia è quest'appartenenza e prossimità come forme immediate di possesso. Fu solo alla fine di una evoluzione semantica che l'idea del possesso si diluì in una nozione di affetto indipendente da vincoli di parentela. Lo stesso succede con la parola latina per l'amicizia. I vocaboli *amor* e *amicitia* derivano entrambi dalla radice *-am*, che, nel latino popolare, designa la madre (*amma*) e la nutrice (*mamma*). Nell'amicizia troveremmo, così, un rimando all'amore materno o, detto in altre parole. all'amore come struttura primaria dell'esistenza.

Ciò che è sicuro è che l'amicizia, dall'antichità al presente, ha costituito una sfida permanente per il pensiero. Giorgio Agamben ci ricorda, per esempio, che l'intimità fra amicizia e filosofia è talmente profonda che questa include *philos*, l'amico, nel suo stesso nome. La filosofia non è soltanto coltivare la sapienza: è anche una questione da trattare fra amici, ed è, in questo modo, un esercizio concreto di amicizia. È importante recuperare alcune storie del pensiero intorno all'amicizia anche per capire che tante questioni che viviamo al nostro livello si legano, in fondo, a problemi universali. Cosa possiamo dire dell'amicizia? Qual è, davvero, il suo idioma? Come si costruisce e decostruisce? Si tratta di un'espressione umana autonoma o necessita della relazione con altri contesti per dirsi? L'amicizia è sempre un bene? La proposta è, ora, quella di fare un viaggio attraverso le domande che l'amicizia solleva. Forse l'amicizia si vive meglio se accettiamo l'invito ad entrare in contatto con la riflessione che essa ha suscitato nel tempo.

Passaggio dal sensibile all'intellegibile

Cominciamo dai greci. Un'opera di Platone, il *Simposio*, può aiutarci a comprendere cosa rende differente il registro dell'amore da quello dell'amicizia nella cultura greco-latina, alla quale siamo ancora così legati. L'opera presenta un montaggio teatrale che gli conferisce grande vivacità: Apollodoro è interpellato da un amico affinché racconti il banchetto effettuato in casa di Agatone, a cui avevano preso parte, fra gli altri, Pausania, Erissimaco, Aristofane, Alcibiade e Socrate. Il pensiero si sviluppa attraverso un dialogo, in cui ogni personaggio avrà l'opportunità di presentare il suo concetto di amore. Poco a poco emerge dalla conversazione una specie di cartografia amorosa molto concentrata sull'amore sensibile e sulla passione. Il desiderio dell'amore – si dice ad un certo punto – si confonde con la nostalgia di rincontrare l'unità perduta: in origine, siamo stati tagliati in due e, da uno solo, si sono fatte due metà. Così, attraverso l'amore, ogni metà ricerca quella che le corrisponde.

Ma per Platone l'amore è anche un passaggio dal sensibile all'intellegibile, dalla bellezza dei corpi alla bellezza delle idee, dall'eros all'amicizia. È questo che ci viene spiegato dalla voce di Diotima quando afferma: «Il discorso dei più è la convinzione che gli amanti siano coloro che cercano la propria metà di cui sono privi. La mia opinione, invece, è che non esiste amore né per la metà, né per l'intero [...]. In conclusione, l'amore è possesso perenne del bene». (205e/206a). E come ciò si realizza? Attraverso un processo che ci conduce dal particolare all'universale, dal fisico allo spirituale, dal bello al buono. È una via di ascesi intellettiva che ci fa passare dalla bellezza di un corpo a quella di tutti i corpi, dai bei corpi alla bellezza della virtù e della conoscenza, finché la verità del bello, portata alle estreme conseguenze, ci apre al bello e alla sapienza.

La ricerca disinteressata del bene

Aristotele, a sua volta, mette in gran rilievo l'amicizia nel suo trattato *Etica Nicomachea*, e ne parla non come di un passaggio all'intellegibile, ma come di una virtù civica molto concreta. «Sembra essere l'amicizia a mantenere unite le comunità all'interno degli Stati», commenta (Libro VIII, cap. 1,22-23).

Con questo principio, il filosofo identifica e dispone in linea gerarchica diverse forme di amicizia: 1) L'amicizia utile, fondata nell'interesse che ci può venire da una relazione in cui esiste una condivisione mutua; 2) L'amicizia piacevole, stabilita soprattutto nel piacere che la compagnia dell'altro ci offre; 3) e l'amicizia virtuosa, che ricerca prima di tutto il bene dell'altro. Solo quest'ultima, tuttavia, si può considerare una virtù, che, quando esiste, manifesta l'eccellenza dei suoi attori. «L'amicizia perfetta, invece, è l'amicizia degli uomini buoni e simili per virtù: costoro, infatti, vogliono il bene l'uno dell'altro, in modo simile, in quanto sono buoni, ed essi sono buoni per se stessi. Coloro che vogliono il bene degli amici per loro stessi sono i più grandi amici; infatti, provano questo sentimento per quello che gli amici sono per se stessi, e non accidentalmente. Orbene, l'amicizia di costoro perdura finché essi sono buoni, e, d'altra parte, la virtù è qualcosa di permanente. E ciascuno è buono sia in senso assoluto sia in relazione al suo amico» (Libro VIII, cap. 3, 10-14).

La ricerca disinteressata del bene dell'altro; una equivalenza fra l'amore che dedichiamo e l'amore che abbiamo per noi stessi; sollecitudine sincera; assenza di attrazione pulsionale o di passione sono i tratti dell'amicizia autentica, secondo Aristotele. Della grammatica dell'amicizia fa ancora parte la completa uguaglianza, la reciprocità e la non-dipendenza. Solo nel riconoscimento dell'uguaglianza, solo quando la reciprocità si coniuga in modo libero, l'amicizia può finalmente consolidarsi. E essa esige che ognuno basti a se stesso in autonomia.

Non chiedere niente di vergognoso, niente di vergognoso concedere

Cicerone ha composto il suo trattato *De amicitia* in un periodo particolarmente sensibile: quello dell'ascensione folgorante di Cesare e del suo assassinio per mano del suo protetto e amico, Marco Bruto, nel marzo del 44 a.C. Lo scritto di Cicerone presenta, in questo senso, qualcosa di premonitore in relazione al quadro storico in cui si svolge. Il modello letterario del suo trattato è quello dei dialoghi platonici e il punto di partenza l'evocazione postuma delle qualità di un amico. La memoria di questa amicizia fornisce sostanza al testo. Per Cicerone, oltre alla sapienza, niente esiste di superiore all'amicizia, definita come un accordo perfetto di tutte le cose divine e umane, accompagnate da benevolenza e affetto. «Cosa c'è di più dolce del poter parlare a qualcuno come potresti parlare a te stesso?». L'amicizia, però, nasce dalla virtù e non dalla necessità. La sua regola è questa: «Non chiedere niente di vergognoso, niente di vergognoso concedere». I benefici che si ottengono per mezzo di essa non devono essere considerati come il principale motivo della sua esistenza: la maggior ricompensa è l'amore stesso che l'amicizia risveglia. La scelta degli amici, non essendo semplice, deve essere allo stesso tempo fatta con criterio. Cicerone raccomanda che si scelgano quelli che si mostrano saldi e costanti, e crede soltanto nell'amicizia che il tempo conferma.

Solo il saggio sa amare

Seneca non ci ha trasmesso la sua concezione di amicizia attraverso un trattato, ma per via di un insieme di lettere a un destinatario che era, allo stesso tempo, un amico: Lucilio. Ciò è in linea con il suo proposito fondamentale: più che definire un amico, egli si concentra piuttosto nella comprensione dei doveri dell'amicizia. Vivere come amico è più importante che descrivere ciò che è un amico. Come Aristotele e Cicerone, anche Seneca comincia col classificare l'amicizia come una virtù, ma la forza dei suoi ideali stoici finisce per avere la meglio, ed egli identifica l'amicizia con la sapienza: «Solo il saggio sa amare, solo il saggio è amico» (*Solus sapiens scit amare, solus sapiens amicus est*). Un uomo da bene ha il dovere di scegliere prima di tutto i saggi come amici, e di non fidarsi del potere e del prestigio sociale. Egli raccomanda a Lucilio, per esempio, che non ricerchi i suoi amici nel foro o nella curia, dal momento che potrà incontrarne di migliori in casa e fra i suoi schiavi.

Perché era lui. Perché ero io

È abbondantemente conosciuta la definizione che Montaigne offre della sua amicizia per Étienne de La Boétie: «Nell'amicizia di cui parlo, le anime si mescolano e si fondono l'una nell'altra in un'unione così assoluta che esse cancellano la sutura che le ha unite, in modo da non incontrarla mai più. Se mi intimano di affermare perché lo amavo, sento che potrò esprimerlo solamente rispondendo "Perché era lui.

Perché ero io" (*Parce que c'était lui, parce que c'était moi*)». Montaigne non cerca di sapere o dire perché La Boétie è suo amico. L'impossibilità di fornire spiegazioni esprime il carattere sorgivo dell'amicizia. Essa non si ripropone di conseguire delle finalità. L'amicizia non può avere altro fine che se stessa. Non si deve confondere l'amicizia con il rispetto tipico delle relazioni di parentela e, allo stesso modo, non è legittimo mescolarla con l'amore erotico. L'amicizia, per Montaigne, è una comunione di spirito, una specie di congiunzione delle anime. È una relazione inesprimibile, intransitiva, assoluta, che non mira a modificare l'altro né ad essere modificati da questi. Non si tratta dell'incontro di due desideri, ma di due pienezze. È in questo senso che si deve intendere il distico «Perché era lui. Perché ero io».

George Steiner ha recentemente rivisitato il testo di Montaigne constatando, di fatto, che le circostanze esterne o gli attributi esistenziali in questo caso non sono pertinenti, né negoziabili, sia che si tratti dello charme fisico, della compatibilità sociale, di alleanze pragmatiche o di quelle storie d'amore o di odio che, a volte, le famiglie trasmettono. L'incongruenza non conta quando si parla di amicizia. Ciò che sappiamo è che, senza amicizia, la donna o l'uomo vivrebbero come esiliati. L'amicizia ci autorizza a dire: «Io sono perché tu sei».

Il mio amico non è altro che la metà di me

Un trattato sull'amicizia nasconde, quasi sempre, la storia di un'amicizia. Certamente una delle più straordinarie è quella che unì il missionario gesuita

Matteo Ricci e il principe cinese Qian Zhai. Si conobbero nell'anno 1595. Ricci ricostruisce in questo modo la memoria di quell'incontro: «Io, Matteo, arrivato per mare dal grande Occidente, ho fatto entrata in Cina... Quest'anno, in primavera, attraversando il monte e navigando attraverso fiumi, sono arrivato a Jinling, dove, per mia grande gioia, ho potuto ammirare la luce del nobile regno... Prima ancora di concludere il lungo viaggio, mi diressi a Nanchang... Andai, dunque, a vedere il principe di Jian'an, che non mi disprezzò, anzi mi permise di fare lui la riverenza, mi fece sedere nel luogo dell'ospite, mi offrì vino dolce e mi dedicò una grande festa.

[Finito il banchetto], il principe abbandonò il suo posto, venne fino a me e, prendendomi le mani, mi disse: "quando gli uomini nobili di grande virtù si degnano di passare dalla mia terra, non c'è un'unica volta che non li inviti, li tratti come amici e renda loro onore. Il grande Occidente è il paese della moralità e della giustizia: mi piacerebbe sentire ciò che là si pensa dell'amicizia"».

Nacque così il volume *I detti dei nostri filosofi e dei nostri santi sull'amicizia*, che conobbe un successo enorme nella Cina del tempo e costituisce un autentico classico sul tema, oltre al delizioso particolare di essere stata la prima opera scritta in cinese da un occidentale. Il trattato presenta 100 sentenze raccolte da tutto il pensiero europeo, greco-latino e cristiano. Per Ricci erano chiare due cose: 1) Il dialogo fra Occidente e Oriente aveva bisogno di un fondamento offerto da una conoscenza reciproca e non c'è niente di meglio per concretizzarlo che l'arte dell'amicizia. 2) Comunicare il Vangelo, in uno spazio e in uno stile umani così diversi come erano quelli dell'«Impero di Mezzo», poteva realizzarsi solo attraverso l'amicizia. Solo l'amico può diventare annunciatore di quel Cristo che è l'amico dell'uomo.

Assolutamente indimenticabile è la forma in cui il prezioso libretto di Matteo Ricci comincia: «Il mio amico non è altro che la metà di me stesso; anzi, egli è un altro me stesso. Perciò, devo considerare l'amico come me stesso».

Là dove non esistono diritti di proprietà

In *La Gaia Scienza,* Nietzsche denuncia l'amore che si concepisce come pulsione che si appropria dell'altro e strategia di dominio. Per lui, il territorio di un tale amore è l'«avere». «È l'amore del sesso per il sesso che si rivela più nitidamente come un desiderio di possesso: colui che ama vuole essere possessore esclusivo della persona che desidera, vuole avere un potere assoluto, tanto sulla sua anima come sul suo corpo, vuole essere amato unicamente, installarsi e regnare nell'altra anima come il più alto e il più desiderabile». Ma ci sono altre specie di amore che non cedono a questo impulso di appropriazione, rispettando la distanza fra l'io e il tu. Scrive Nietzsche: «Esiste realmente, qua e là sulla terra, una specie di prolungamento dell'amore, nel quale il desiderio che due esseri sperimentano l'uno per l'altro dà luogo ad un nuovo desiderio, a una nuova cupidigia, a una sete superiore comune, quella di un ideale che oltrepassa entrambi: ma chi conosce tale amore? Chi l'ha vissuto? Il suo vero nome è *amicizia*» (n. 14). Nell'amicizia siamo gli uni con gli altri e gli uni per gli altri, mantenendo però un'esteriorità: gli amici non si diluiscono, non si giustappongono, non si sostituiscono. L'amicizia è una forma di esposizione all'altro, ma un'esposizione che non spezza la riserva, che non invade la solitudine. L'amicizia non solo protegge il silenzio, ma è essa stessa protetta dal silenzio.

Parallele che si incontrano all'infinito

Per Simone Weil, l'amore che Cristo ci ordina con l'«Amatevi l'un l'altro» è un amore assolutamente anonimo e universale: l'amore della carità. L'amicizia costituisce, in un certo qual modo, un'eccezione, dal momento che ci coinvolge come preferenza per un essere umano. Ma essa non smette di essere un'espressione miracolosa del sovrannaturale in noi, perché ci sarebbe impossibile vivere l'amicizia in una forma pura, se Dio non ci permettesse di coniugare ciò che, nella nostra natura, emerge come separato e contrario: da un lato, la necessità che abbiamo degli altri e, dall'altro, l'intransigente rispetto per la loro autonomia e per la nostra. Non c'è amicizia se non là dove la distanza si conserva. Simone lo spiega così: «L'amicizia è il miracolo grazie al quale un essere umano accetta la distanza, e, senza avvicinarsi, lo stesso essere che gli è necessario, come un alimento. È la forza di spirito che Eva non ha avuto; e, tuttavia, ella non aveva bisogno del frutto. Se ella avesse avuto fame nel momento in cui guardava il frutto, e se, nonostante ciò, si fosse limitata ad osservarlo indefinitamente senza fare un passo nella sua direzione, avrebbe realizzato un miracolo analogo a quello della perfetta amicizia». L'amicizia pura è un'immagine dell'amicizia perfetta della Trinità. È impossibile che due esseri umani siano uno e, ciò nonostante, rispettino scrupolosamente la distanza che li separa, se Dio non fosse presente in ciascuno di loro. Gli amici sono, per questo, parallele che si incontrano solo all'infinito.

Ciò che separa diventa relazione

Maurice Blanchot nomina l'amicizia fra i luoghi più fecondi della condizione umana. Io non mi aspetto nulla da un amico, o meglio, mi aspetto tutto, nella misura in cui la sua esistenza, per la sua radicale differenza, mi permette di esistere. L'amicizia è l'accoglienza di un intervallo puro che, da me all'altro che è amico, misura tutto ciò che esiste fra di noi. La dolcezza dell'amicizia, però, è equivalente al suo rigore più infrangibile: il mio amico è questo prossimo che non smette mai di essere il più distante. E Blanchot scrive: «L'amicizia, questa relazione senza dipendenza, senza momenti straordinari e nella quale, tuttavia, entra tutta la semplicità della vita, passa per il riconoscimento dell'estraniamento comune che non ci permette di parlare dei nostri amici a noi stessi, ma solo di parlare con loro; che non ci permette di fare di loro un tema di conversazioni (o di articoli), ma il movimento dell'accordo in cui essi, parlando con noi, conservano, anche nella più grande familiarità, la distanza infinita, questa separazione fondamentale a partire dalla quale ciò che separa diventa relazione».

Oh amici, non esistono amici

«Oh amici, non esistono amici» è un motto enigmatico che la tradizione attribuisce ad Aristotele: nel momento in cui sembra invocare l'amicizia («Oh amici»), sembra anche negarla («non esistono amici»). Questo motto risorge già rielaborato, per esempio, in Montaigne e in Nietzsche, che lo avrebbero ripreso da un capitolo dedicato alla biografia di Aristotele, rimato da Diogene Laerzio. E questo motto servirà anche a Jacques Derrida per scrivere la sua opera *Politiche dell'Amicizia*.

C'è una storia curiosa che è raccontata da un filosofo amico di Derrida, Giorgio Agamben. Egli racconta che, quando Derrida stava ancora organizzando il seminario accademico che avrebbe dato origine al libro, discussero a lungo un problema filologico legato alla frase. Studiando varie edizioni, Agamben riuscì a ricostruire la storia e a capire che il motto enigmatico era stato alla fine una creazione dell'errore di un copista. Anziché «oh amici, non esistono amici» l'originale sarebbe «colui che ha (molti) amici, non ha nessun amico». Agamben informò immediatamente Derrida della sua scoperta, e fu con stupore che, quando lesse il libro *Politiche dell'Amicizia*, non incontrò nessun riferimento al dialogo fra di loro intercorso. E non fu per dimenticanza che Derrida continuò ad usare la versione «Oh amici, non esistono amici»: per la strategia della sua riflessione era essenziale che l'amicizia fosse, allo stesso tempo, affermata e messa in causa. Ed è realmente il contributo che egli offre, discutendo la centralità occupata dal paradigma della fraternità nei grandi discorsi dell'amicizia.

In effetti, quando si pensa l'amicizia come un processo di equivalenza di soggettività – alla maniera di una macchina che fabbricasse soggetti identici –, è necessario considerare anche il rischio di esclusione dell'altro e del diverso che, sottilmente, rimane in sospeso. La figura dell'amicizia come relazione di simbiosi, o di «fusione delle anime» come voleva Montaigne, è denunciata come un pericolo visto che nella storia spesso è sfociata nella logica dell'intolleranza, per annullare la singolarità e ridurre l'altro allo stesso. Derrida propone anzi una rottura: che pensiamo l'amicizia senza la prerogativa della prossimità o dell'intimità. Potrebbe così nascerne un'amicizia votata all'asimmetria, all'irriducibile precedenza dell'altro (nella sua alterità) in una democrazia più autentica. Una democrazia a venire.

IV.
COSA SIGNIFICA VIVERE L'AMICIZIA CON DIO

Esiste un passo del Vangelo di san Giovanni (Gv 3,8) che normalmente vediamo tradotto in questo modo: «Il vento soffia dove vuole e ne senti la voce, ma non sai da dove viene né dove va: così è chiunque è nato dallo Spirito». Il termine greco che significa Spirito è *pneuma*, ma *pneuma* significa anche vento. Ciò comporta una difficoltà per il traduttore, che deve decidere l'una o l'altra parola. Bene, se scegliamo di tradurre *pneuma* con vento, cosa stiamo dicendo? Che la traiettoria di colui che è nato dallo Spirito, cioè la traiettoria dei credenti, la storia credente, è aperta all'imprevedibile; è come il vento, noi sentiamo la sua voce, ma non sappiamo da dove viene, né dove va. Il punto è, perciò, collocato nel credente. È questi ad avere una vita aperta e imprevedibile.

Ma se, come sceglie la Vulgata, optiamo per «lo Spirito soffia dove vuole», allora il punto di imprevedibilità non è più la traiettoria del credente, e si colloca dal lato di Dio stesso. È lo Spirito che è imprevedibile; è la voce dello Spirito di Dio che io sento, senza sapere da dove proviene, né dove va. Lo Spirito si coglie, in questo senso, nell'aperto, nel non-detto, nell'impronunciabile, nel non catalogato, nel non-percorso. Lo Spirito Divino diventa allora la manifestazione incessante dell'inedito.

Accettare l'enigma

Noi siamo imprevedibili. A volte ci guardiamo allo specchio e, anche senza dirlo, ricordiamo quel verso di Rimbaud, «io sono un altro». Chi è quello lì, che mi guarda nello specchio? Guardiamo verso noi stessi e c'è un'estraneità di essere che mai si cura: ma sono così? che cammino è questo? che tempi sono questi che mi abitano? Siamo un segreto anche per noi stessi e dobbiamo accettarci così. Siamo un enigma, una domanda, e dobbiamo accettarlo. Altrimenti non avremo pace. Abiteremo sempre la divisione e il conflitto. C'è, perciò, un momento in cui è necessario dire: «bene, è così; non me lo spiego, non lo concepisco, non lo programmo, ma è così, e con ciò farò qualcosa».

Ma in relazione a Dio è molto più difficile pensarlo come imprevedibile. Perché ci consola molto sapere che Dio è qui. Che lo incontriamo in questo luogo, che attraverso questo cammino arriveremo certamente a Lui. A volte è conveniente che Dio si trovi fra le cose che ordiniamo, fra le disposizioni interiori che abbiamo, nei nostri stessi pensieri. Ci è confortevole sapere che Egli è presente e in una determinata forma. Corriamo il rischio di vivere la relazione con Dio non come un'amicizia, ma come un'abitudine.

Riconoscere che Dio abita in me. Ma come?

Ci sono due immagini del Nuovo Testamento, effetti di un'eco che procede da più lontano, dall'esperienza storica dell'Israele dei profeti, per descrivere la relazione amichevole con lo Spirito. Forse la più comune, quella che ci accompagna fin dall'infanzia e che plasma la nostra stessa maniera di guardare Dio, è l'immagine dell'effusione. È quella che troviamo nel libro degli Atti degli Apostoli, capitolo 2: gli Apostoli erano riuniti e lo Spirito scese su di loro. Allora, quando pensiamo allo Spirito Santo di Dio, pensiamo a qualcosa che scende su di noi e si confonde con ciò che siamo. È in noi. Cioè, è in me e in quello che sono. Questa effusione è, come il nome indica, una specie di fusione. E io sento che Dio in me mi fa essere, mi dà coraggio per il combattimento, saggezza per la parola, gioia per la danza.

Sia i Vangeli sia gli scritti di Paolo sono ricolmi di espressioni che si muovono in questa direzione, documentando che l'esperienza dell'amicizia con Dio, nella Persona del suo Spirito Santo, è un'esperienza di fusione. Per esempio, nell'opera di Luca (Vangelo e Atti degli Apostoli), l'Angelo dice a Maria: «Lo Spirito scenderà su di te» (Lc 1,35); Elisabetta, quando ricevette la sua visita, «fu colmata di Spirito Santo» (Lc 1,41); dopo la resurrezione del Signore, Pietro parlava alle autorità e al popolo «colmato di Spirito Santo» (At 4,8); Stefano, il primo martire, offre la testimonianza «pieno di Spirito Santo» (At 7,55); «lo Spirito Santo discese sopra tutti coloro che ascoltavano la parola» in casa di Cornelio (At 10,44), ecc. ecc. Questo essere colmi dello Spirito è un'esperienza costante nella costruzione del cammino cristiano.

In questa immagine, i contorni della singolarità sono come oltrepassati, e si instaura una coincidenza fra il soggetto che crede e ciò in cui il soggetto crede. Io credo, e Colui in cui credo mi fa essere. Fra ciò in cui il soggetto crede e ciò che il soggetto è non c'è più distanza: c'è un'indicibile comunione. È in questo senso che tutta la liturgia del battesimo parla del battesimo nello Spirito. I credenti sono avvolti, rivestiti, come se lo Spirito fosse ora la loro pelle.

È a partire da questa immagine, per esempio, che siamo chiamati a comprendere i discorsi di Gesù, nel quarto Vangelo, sullo Spirito. Gesù ricorre ad un linguaggio totale, quando dice: «lo Spirito vi insegnerà ogni cosa» (cfr. Gv 14,26). Prestiamo attenzione, si tratta non di insegnare qualcosa, qualcosa che manca. No, lo Spirito insegnerà tutto. Insegnerà completamente.

E come è descritto lo Spirito? Lo troviamo descritto come fuoco, come un soffio energetico, una luce, un animo, un'audacia, un alito che ci mancava per poter essere. Questa immagine, che è anche un'esperienza dello Spirito che credo che tutti facciamo – perché in un qualche momento sentiamo che l'amicizia con Dio ci attraversa in un modo totale – ci conduce certamente alla verità di Dio, ma descrivendola come esperienza di pienezza.

L'amicizia come esperienza di corrispondenza

Questi momenti di pienezza trovano una loro base nella tradizione dell'Antico Testamento circa lo statuto del popolo di Dio. Cos'è che fa di Israele il popolo dell'Alleanza? È possedere una legge, avere una costituzione con dieci comandamenti, un'alleanza, una promessa? Certamente è tutto ciò, ma completato da una effusione dello Spirito, dal fare esperienza dello stesso Dio. «Io effonderò il mio Spirito sopra ogni uomo [sopra tutta la carne] e diverranno profeti i vostri figli e le vostre figlie; i vostri anziani faranno sogni, i vostri giovani avranno visioni. Anche sopra gli schiavi e sulle schiave in quei giorni effonderò il mio Spirito» (Gl 3,1-2). Questa esperienza è la condizione per essere popolo di Dio.

Normalmente, nell'Antico Testamento, quando lo Spirito di Dio compare si mette in evidenza in una forma spettacolare: c'è un'agitazione nella natura, ci sono terremoti, vulcani, vento. Diciamolo così: la manifestazione di Dio provoca una specie di alterazione dell'ordine cosmico, introducendo una nuova esperienza, un nuovo ciclo, un nuovo tempo. Nel Nuovo Testamento tutto ciò è depurato. L'esperienza di contatto con Dio, attraverso l'accoglienza amichevole dello Spirito Santo, continua ad essere un'esperienza di fusione, ma espressa in modo più intimo e spoglio. Quando i discepoli ricevono lo Spirito si trovano in una casa, in una strada anonima della città (cfr. At 2,1), non davanti ad un monte in fiamme (cfr. Es 19,16.18); lo Spirito Santo discende su di loro senza che sia successo un fenomeno naturale fuori dal comune. Lo Spirito ora si dà nel quotidiano, nella nostra umanità; si dà in modo sottile, interiore e nascosto. La corrente di aria forte che avrà risuonato nella casa in cui si trovavano non si può comparare alla convulsione atmosferica descritta nel libro dell'Esodo. Vediamo questo testo di Atti, 2,1-4: «Mentre stava compiendosi il giorno della Pentecoste, si trovavano tutti insieme nello stesso luogo. Venne all'improvviso dal cielo un fragore, [risuonando], quasi un vento che si abbatte impetuoso, e riempì tutta la casa dove stavano. Apparvero loro lingue come di fuoco, che si dividevano, e si posarono su ciascuno di loro, e tutti furono colmati di Spirito Santo e cominciarono a parlare in altre lingue, nel modo in cui lo Spirito dava loro il potere di esprimersi». «Colmarsi» è un'esperienza di fusione, di rapimento, di abitazione interna dello Spirito. Gesù, nel Vangelo di san Giovanni (14,16-17), dice: «e io pregherò il Padre ed egli vi darà un altro Paràclito perché rimanga con voi per sempre, lo Spirito della verità, che il mondo non può ricevere perché non lo vede e non lo conosce. Voi lo conoscete perché egli rimane presso di voi e sarà in voi». Si osservi: lo Spirito di Dio non è soltanto vicino a noi, lo Spirito è «in noi». Ci troviamo ancora una volta di fronte alla dimensione di fusione che descrive questa amicizia. E allo stesso modo avviene nel passaggio della lettera di Paolo ai Romani, il testamento spirituale dell'Apostolo (cfr. Rm 8,26): «Allo stesso modo anche lo Spirito viene in aiuto alla nostra debolezza; non sappiamo infatti come pregare in modo conveniente [cosa chiedere per pregare in modo conveniente], ma lo Spirito stesso intercede con gemiti inesprimibili [ineffabili]». Si tratta di un'esperienza di amicizia in Dio che germoglia come intimità spirituale. Sentire che lo Spirito ci colma, che lo Spirito ci fa essere.

L'amicizia come esperienza di distinzione

Ma se lo Spirito di Dio è in noi e lo è in fusione, come possiamo capire quei momenti in cui sembra che lo Spirito non ci sia? Come capire il deserto, i tempi di fragilità e scarsezza, i tempi in cui manca l'ispirazione, i tempi notturni, di grande discussione, le ore di dubbio e scoraggiamento, il pungiglione di ferro del disanimo? Se lo Spirito è sempre con noi, se esiste una fusione quasi materna, quasi di acque materne, come possiamo capire e accettare questi stati attraverso i quali passiamo? Anche la traduzione che dice «lo Spirito soffia dove vuole e tu senti la sua voce, ma non sai da dove proviene, né dove va» è in effetti una traduzione necessaria.

L'amicizia con lo Spirito di Dio si dà, nella nostra vita, in due modi: o attraverso questa esperienza di fusione, o attraverso l'esperienza opposta, quella della differenziazione. O l'amicizia di Dio ci colma, o ne sembriamo privi, perché Dio è sempre altro. Io non domino lo Spirito di Dio, non sono il suo padrone o signore. Dio è, in ogni istante, «l'assolutamente altro». Scrive il teologo Joseph Moingt: «che lo Spirito sia qui, sia in ciascuno di noi, non impedisce che egli possa essere anche in altro luogo, perché Egli si trova nella vicinanza e nella distanza. Molte volte, lo Spirito si trova in ciò che è familiare e molte volte lo Spirito si trova in ciò che è diverso. Egli è sempre eccesso e non si lascia possedere, né rinchiudere, e non si mantiene in un luogo se non per spostarsi avanti, senza mai ritirarsi dal luogo da cui proviene».

Lo Spirito di Dio non ci abbandona, ma nemmeno si fissa. Quella richiesta che Pietro fa a Gesù, nella scena della trasfigurazione, «Signore, facciamo qui tre tende», è una richiesta che Gesù non vuole sentire, perché subito li fa scendere dalla montagna. Dio è pellegrino, si sposta, è sempre diverso. E noi come accogliamo l'amicizia di Dio? La accogliamo tanto nella fedeltà allo stesso, alla ripetizione, al prolungamento del gesto e del luogo, al ricordo, quanto nella differenziazione, nel rischio, nell'inedito, nell'originale, nel singolare, nel nuovo.

Lo Spirito è il terzo

Lo Spirito Santo è il terzo elemento nell'ordine della Trinità. Dio è Trinità. Se pensiamo alle nostre esperienze umane, il terzo è ciò che lacera la proiezione dell'equivalenza. Il due è il simbolo della reciprocità e della fusione: nel due proietto un uno. Sono uno più uno. Il tre è l'elemento della diversità. È molto diversa una comunità costituita da due persone rispetto a una comunità fatta di tre. Perché il terzo porta con sé la verità di una relazione che non può essere soltanto la proiezione di un io e di un tu. Il terzo ci obbliga a una relazione aperta, decentrata. Lo Spirito è questo terzo. Il mistero di Dio è trino.

Molte volte, preghiamo: «Venga Dio e mi dia, mi faccia, e mi conforti, mi consoli». Certamente Egli viene. Ma non scordiamo mai che Dio è il diverso, il suo Spirito mi indica il cammino che io ancora non ho percorso, quello che sto per intraprendere, quello che mi aspetta, che ancora non sono. Questa differenziazione dello Spirito – che ci fa capire che Dio è imprevedibile – purifica la nostra amicizia con Lui. Noi abbiamo bisogno di essere purificati dalle fissità che tante volte addomesticano la nostra spiritualità. Perché è come addomesticare l'immagine di Dio. Sappiamo già tante cose, siamo sempre in attesa di un'amicizia vissuta come fusione. E, tuttavia, Dio si trova anche nello sconforto della ricerca, nell'esigenza e nell'indugio del cammino, nel dolore del dubbio. Nella certezza che Egli è l'altro, irriducibilmente altro. Che Egli non è in me, che Egli non si trova in me, che io non sono Lui. Ciò ci rende responsabili e adulti nella costruzione dell'amicizia che è la fede. E ne fa non una ricerca prevedibile di consolazione, ma la ricerca infinita di un amico, Dio.

Il nostro amico è uno sconosciuto

Il più grande equivoco della vita spirituale è vivere delle cose di Dio e non vivere di Dio. Vivere solo di ciò che ci consola. Esiste un passaggio impressionante del libro dell'Esodo (Es 4,24-26). È una storia che possiamo considerare terribile, ma si trova in quel passo e dobbiamo cercare il suo senso. Mosè si trova in un ostello sul suo cammino e in quella notte Dio viene, lotta con lui e cerca di farlo morire. Leggiamo e ci diciamo: « Ma come, questo non ha nessun senso ». Dunque Dio che si mostra di fronte a Mosè in tutta la sua bellezza, d'improvviso si rivolge a lui per combatterlo? Che senso può avere tutto ciò? Sia come sia, il significato non smetterà mai di essere misterioso, in effetti. Ma, nel suo mistero, ci dice che Dio è Dio, e a volte ce ne scordiamo; che Dio è Altro, Dio è trascendente e io devo sapermi collocare nel posto che mi concerne. Perché a volte siamo fin troppo abituati alla fusione. Mescoliamo Dio con le bagattelle che ci trasciniamo dietro lungo la vita. No, noi non possiamo possedere Dio come cosa acquisita. Dio è una domanda, Dio è uno sbalordimento; Dio è uno sconosciuto. È quello che Giovanni Battista dice di Gesù: « In mezzo a voi sta uno che voi non conoscete » (Gv 1,26). Il nostro amico è sempre uno sconosciuto.

IL VISIBILE È SOLO LA SPONDA DISCRETA

Il teologo e psicanalista brasiliano Ruben Alves ha scritto un testo che mi pare molto interessante. Egli sta descrivendo il suo stesso studio e dice: «nel mio studio ho due quadri, due dipinti, uno rappresenta un paesaggio luminoso, dai colori molto accesi, in cui i fiori si stagliano nitidamente su di un prato verdeggiante con montagne che affondano le loro vette nell'azzurro del cielo. Quando lo vedono per la prima volta le persone che entrano esclamano: "Che bello! Ma si limitano a questo, perché la trascendenza dice tutto quel che ha da dire e la conversazione finisci lì. L'altro quadro rappresenta un bosco, denso e profondo, con forme vaghe, la macchia di alberi indistinta, un cammino solitario che si perde nella nebbia misteriosa e diffusa... Quando lo guardano, le persone si soffermano, non sanno quello che devono pensare, ma, dopo il silenzio, si dipana l'inizio di una conversazione prolungata... "Mi chiedo", mi dicono, "cosa esisterà dietro la nebbia, dietro agli alberi, dietro all'oscurità?". Veramente in questo caso il visibile non è nient'altro che la sponda discreta che suggerisce l'invisibile, l'indicibile, lo sconosciuto».

Molte volte il nostro modo di parlare di Dio si esaurisce. Ciò avviene quando l'amicizia con Lui non è ancora sufficientemente profonda. Ma altre volte, la nostra preghiera, la nostra ricerca, il nostro sapere e il nostro assaporare Dio sono soltanto il margine discreto che suggerisce lo sconosciuto. Senza ciò, la fede diventa ideologia, cessa di essere un incontro, e un incontro di amicizia, cessa di essere ricerca... e diventa rapidamente una lista di regole e di rituali.

Cessa di essere il luogo dell'invenzione e della reinvenzione di ciò che siamo. La credenza in una conoscenza molto stabile ci fa precipitare in una specie di idolatria. Dobbiamo domandarci sempre: Cos'è che mi fa avvicinare di più a Dio? Il sapere o il non sapere? La ricerca di una certezza ad ogni costo o la fiducia speranzosa in un'amicizia che matura?

V.
VI HO CHIAMATO AMICI

Gesù ha avuto amici, e l'amicizia è stata una pietra miliare nella costruzione del suo cammino. Egli associò alcuni amici alla sua missione; rese l'amicizia un luogo per il riconoscimento di se stesso e dell'amicizia di Dio. Se accettiamo la definizione di amicizia che ci dà Timothy Radcliffe, descrivendola come «il rischio immenso di lasciarsi guardare dall'altro, in tutta la nostra vulnerabilità, consegnandoci nelle sue mani», a Gesù spetta, meglio che a nessun altro, la designazione di «l'amico».

L'atmosfera dei Vangeli non lascia margine a equivoci: Gesù svolge la sua missione fuori dallo spazio sacro tradizionale; il suo percorso matura in modo distanziato rispetto al Tempio e sceglie spazi religiosamente neutri, come la casa, la piazza, la periferia, il cammino, luoghi della coreografia dell'umano per eccellenza. Ma non si trattò solamente di luoghi nuovi e più vicini alle relazioni del quotidiano: furono anche nuovi gesti e nuove parole. L'indignazione di quelli che lo accusavano di essere amico dei pubblicani e dei peccatori, poiché condivideva con loro la tavola e il convivio (cfr. Lc 7,34), segnala, in effetti, il modo di agire di Gesù, fuori dal comune. Mentre la cultura vigente difende la «separazione», Gesù emerge come un profeta della relazione e dell'amicizia.

Gesù rese nuove anche vecchie parole. Il vocabolario dell'amore e dell'amicizia non è lo stesso dopo di lui. Osserviamo il termine tipico dell'amicizia, *philía*, e la sua semantica. Nel Vangelo di Giovanni il termine compare sei volte e con usi decisivi per la maturazione dell'amicizia. L'amore «agapico» è l'amore della carità, un amore divinizzato; in verità, un eccesso d'amore, oblativo e asimmetrico, che non prevede corrispondenza o reciprocità. Invece l'amore espresso con *philía* è l'amore degli amici, necessariamente simmetrico e reciproco. Ogni volta che Gesù fa uso di una parola inerente al lessico dell'amicizia, ci insegna qualcosa di profondo su questa. E le situazioni narrative in cui le sue proclamazioni avvengono, rafforzano questa singolarità.

Il discepolo amico

Gesù aveva con il gruppo dei dodici discepoli una relazione di amicizia. Chi è, dunque, quel «discepolo amato», cui si riferisce, con questa formula, soltanto il Vangelo di Giovanni? Non lo sappiamo, poiché egli rimane anonimo, costituendo una sorta di enigma che il Vangelo custodisce. Non viene mai pronunciato il suo nome, ma se ne enunciano racconti e dettagli d'affetto e, attraverso questi, capiamo che il «discepolo amato» è un «discepolo amico». La prima volta in cui appare questa designazione la troviamo nel capitolo 13, nel contesto dell'Ultima Cena. Gesù aveva finito di annunciare che uno dei presenti lo avrebbe tradito. I discepoli in primo luogo rimasero scossi da tale rivelazione, poi curiosi di identificare il traditore. «Ora uno dei discepoli, quello che Gesù amava, si trovava a tavola al fianco di Gesù. Simon Pietro gli fece cenno di informarsi chi fosse quello di cui parlava. Ed egli, chinandosi sul petto di Gesù, gli disse: "Signore, chi è?"». (Gv 13,23-25). Il discepolo amato è colui che vanta una speciale prossimità rispetto a Gesù; è colui che si china sul suo petto, non solo con una dimostrazione d'affetto, ma anche di comunione di vita e di sentimenti. Questo gesto del chinarsi è un'immagine che compare anche in altri testi giudaici e che ha a che vedere con la trasmissione testamentaria. Il Vangelo rappresenta, diciamo, il testamento di un amico; lo sguardo di un amico su Gesù, che ci implica profondamente, collocandoci nel suo luogo. L'intervento del discepolo amato si lega, così, ad un asse profondo della teologia di Giovanni, che considera che è attraverso l'amicizia che noi comprendiamo Gesù e ci avviciniamo a lui. La posizione del discepolo amico, all'interno del gruppo, non scalfisce affatto il ruolo da protagonista di Pietro: Pietro è il primo dei Dodici. Ma, in varie occasioni, Pietro penetra il segreto di Gesù solo quando fa uso della mediazione del discepolo amico (si veda, per esempio, l'episodio della verifica del tumulo vuoto, Gv 20,1-10).

Un altro momento assai significativo è quello che avviene sotto la croce. Vi si trovavano sua madre, la sorella di sua madre Maria, moglie di Cleofa, e Maria Maddalena. Vedendo sua madre e accanto a Lei il discepolo che Egli amava, il discepolo amico, Gesù dice alla madre: «"Donna, ecco tuo figlio!". Poi disse al discepolo: "Ecco tua madre!". E da quell'ora il discepolo l'accolse con sé.[nella sua casa]» (cfr. Gv 19,25-27). L'episodio possiede vari livelli di lettura, e il discepolo rappresenterà, in questo particolare, la Chiesa nel suo insieme. Ma una cosa è certa: siamo in presenza di un'amicizia fatta di fiducia e di intimità fra Gesù e questo discepolo amico. Non si affida la propria madre a una persona qualsiasi! Come quei soldati che temono di non sopravvivere ad una guerra e scrivono all'amico prediletto, per chiedere: «Abbi cura dei miei vecchi»; Gesù ha qui il gesto di attribuire al discepolo amico la protezione di cui la madre avrebbe in seguito avuto bisogno.

L'ultima volta in cui ci si riferisce al discepolo amato, è in Giovanni 21,24, quando si dice: «Questi è il discepolo che testimonia queste cose e le ha scritte, e noi sappiamo che la sua testimonianza è vera». Dunque scopriamo che il Vangelo è stato scritto a partire dalla privilegiata testimonianza che è costituita da un amico. Il racconto di Gesù è costruito dal punto di vista dell'amicizia. Il fatto che questo discepolo rimanga anonimo instaura un gioco molto coinvolgente con il lettore. Il Vangelo è letto a partire dallo sguardo del discepolo amico e, simbolicamente, il lettore assume la sua visione, il suo atteggiamento e il suo luogo. Il Vangelo di Giovanni e l'amicizia instaurano fra di loro, in effetti, una relazione fondamentale.

Non servi, ma amici

Il Vangelo di Giovanni non racconta l'Ultima Cena allo stesso modo dei Vangeli sinottici. Narra, certamente, che durante la Cena Gesù lava i piedi ai discepoli (cfr. Gv 13). È l'unico contatto fisico fra loro che i Vangeli raccontano. Il corpo non è assente dall'amicizia ed é, pertanto, talmente simbolico che Gesù, che si prepara a dare per loro la vita, lava i loro piedi toccando ciascuno con l'accoglienza radicale della sua amicizia. In questo contesto, Gesù pronuncia un discorso chiave per la teologia dell'amicizia: «Questo è il mio comandamento: che vi amiate gli uni gli altri come io ho amato voi. Nessuno ha un amore più grande di questo: dare la sua vita per i propri amici. Voi siete miei amici, se fate ciò che io vi comando. Non vi chiamo più servi, perché il servo non sa quello che fa il suo padrone; ma vi ho chiamato amici, perché tutto ciò che ho udito dal Padre mio l'ho fatto conoscere a voi» (Gv 15,12-15).

Forse era esistito un tempo in cui la parola «servi», o anche la parola «discepoli», era adeguata a descrivere ciò che, nella loro relazione con Gesù, essi vivevano. Ma è la stessa evoluzione di Gesù che fa sì che queste siano soppiantate. Ora solo la parola «amico» è valida per descrivere qualcuno che segue Gesù, perché è Lui stesso che ci fonda in una relazione di conoscenza e di riconoscimento di tutto ciò che Egli ha udito dal Padre. L'esperienza di amicizia dei discepoli sarà, in seguito, completata ulteriormente dalla venuta dello Spirito Santo che li condurrà alla verità totale. Lo Spirito testimonia nel loro cuore ciò che ancora non erano riusciti ad abbracciare: il senso ultimo, la verità totale su ciò che l'amicizia di Gesù rappresenta.

Sei davvero mio amico?

Nell'ultima conversazione di Gesù con Pietro, si sente il fluttuare blando del lago. È un dialogo impressionante. Gira tutto intorno ad un sottile gioco verbale che in gran parte sfugge alle traduzioni. Sembra che Gesù domandi tre volte la stessa cosa: «Pietro, tu mi ami?»; ottenendo da Pietro una risposta che, pure, si ripete: «Tu sai che ti amo». In verità il testo originale greco è molto più ricco. Esso infatti gioca con il senso di due verbi: *philéo*, che esprime l'amore dell'amicizia, e *agapáo*, che descrive un amore totale.

Gesù comincia a domandare a Pietro: «Simone... tu mi ami di un amore totale?» (Gv 21,15). Prima del dramma del tradimento, l'Apostolo avrebbe immediatamente risposto: «Certo che ti amo, senza nessuna riserva». Ma ora, che si sa dolorosamente capace d'essere infedele, dice con umiltà: «Signore... tu sai che io ti sono realmente amico». Cioè: «ti amo come posso, con il mio fragile e imperfetto amore». Gesù allora insiste, una seconda volta: «Simone, tu mi ami con quell'amore totale che io mi aspetto?». E Pietro balbetta la risposta adeguata alla sua umiltà: «Signore, tu sai che ti sono amico». E quando pone per la terza volta la domanda a Simone, Gesù la modifica, e gli dice: «Dunque, sei mio amico?», che vuol dire: «Tu dunque sei davvero mio amico?», e Simone finalmente comprende Gesù: Gesù non ci chiede ciò che non siamo capaci di dare. Egli accetta la nostra amicizia che è debole, i nostri sì ancora incipienti, i passi che facciamo vacillando. Per farci salire fino a Lui, Gesù scende fino a noi.

Il Vangelo racconta che Pietro si fece triste poiché Gesù si era dovuto adattare alla nostra umanità. Ma questo adattamento di Gesù, questa accettazione radicale della nostra amicizia, sono la fonte della nostra speranza. E così come al primo dei discepoli, anche a noi, a ciascuno di noi, Gesù ripete soltanto: «Seguimi».

VI.
LA PRESENZA COME DONO

È un incontro improbabile, ma che riassume la sua missione, quello in cui Gesù si rivolge ad uno sconveniente spettatore della piccola città di Gerico come se parlasse ad un vecchio amico: «Zaccheo, scendi subito, perché oggi devo fermarmi a casa tua» (Lc 19,5). E alla fine della memorabile giornata, Gesù conferma ancora una volta, per lo stupore di molti: «Oggi per questa casa è venuta la salvezza [in questa casa è entrata la salvezza]» (Lc 19,9).

Per le genti di Gerico, Gesù era un galileo con fama di profeta, fatto sufficiente a far riunire una moltitudine di curiosi in agitazione. Probabilmente non conoscevano le voci che, per sminuirlo, lo accusavano di essere «amico di pubblicani e peccatori» (Lc 7,34), poiché anch'essi si infastidiranno per tale ragione (cfr. Lc 19,7) quando, agli occhi di tutti, Egli sceglierà la casa di un peccatore per invitarcisi! Ma se seguiamo il dialogo fra Gesù e quel leader di malfamati pubblicani che diventa suo amico scopriamo che esiste un elemento essenziale che risalta: ci viene mostrato che la salvezza avviene in un modo fortemente legato all'esperienza di un'amicizia che rovescia le magre aspettative che sembravano le uniche possibili al presente. Certamente non per caso Gesù sottolinea l'avverbio «oggi». L'amicizia conferisce un altro valore al tempo. Per modesti che siano i suoi mezzi d'espressione, l'amicizia con Gesù rende il tempo un'epifania, un luogo di vita conquistata, di vita salvata.

L'«OGGI» DELL'AMICIZIA

L'avverbio «oggi» viene utilizzato 12 volte da Luca, nel suo Vangelo, e, fra queste, 9 volte è pronunciato da Gesù. Ogni «oggi» di Gesù contiene una possibilità di salvezza, anche se alcuni di questi «oggi» collidono con la durezza dei cuori. Ciò succede, per esempio, nella sinagoga della sua terra natale, Nazaret. Dopo aver letto la profezia messianica di Isaia, Gesù dice ai presenti: «Oggi si è compiuta questa Scrittura che voi avete ascoltato» (Lc 4,21). Ma, sentendo questa affermazione, anziché aprirgli il cuore, lo espellono come se vedessero in lui nient'altro che un impostore. Allo stesso modo, quando Gesù manda a dire ad Erode: «Però è necessario che oggi, domani e il giorno seguente io prosegua nel cammino, perché non è possibile che un profeta muoia fuori di Gerusalemme» (Lc 13,33), egli sa che Erode lo considera una minaccia piuttosto che un'opportunità. Anche noi per conto nostro lo sappiamo: solo con il cemento dell'amicizia il presente diventa luogo di incontro e redenzione.

È di questo che la storia di Zaccheo ci rende testimonianza (cfr. Lc 19,1-10). E nel Vangelo incontriamo altri due momenti, in cui l'avverbio «oggi» gioca questo ruolo. Entrambi accadono in situazioni estreme, in cui la salvezza si direbbe impossibile.

Pietro tradisce l'amicizia di Gesù, ma ciò non è la fine: il ricordo della sua parola «oggi il gallo non canterà prima che tu, per tre volte, abbia negato» (Lc 22,34-61) si trasforma nell'amara, ma grata, promessa del rincontro. E con il ladro crocifisso accanto a lui, egli comincia un'amicizia proprio quando il tempo sembrerebbe chiuso: «oggi con me sarai nel Paradiso» (Lc 23,43). L'amicizia è, perciò, un luogo in cui, in un modo misterioso, l'«oggi» della salvezza si costruisce.

Ma che «oggi» è questo? Nel Vangelo di san Matteo, anche nella preghiera del Padre Nostro, l'orazione che lo stesso Gesù ci insegna a pregare, è usato l'avverbio «oggi». Mentre la versione di Luca recita: «dacci ogni giorno il nostro pane quotidiano (*epiúsion*)» (Lc 11,3), quella di Matteo presenta questa formula: «dacci *oggi* il nostro pane quotidiano (*epiúsion*)» (Mt 6,11). Dunque Gesù ci insegna a chiedere il dono del presente: «Dacci *oggi*».

La nostra richiesta si addensa ancora di più se pensiamo al doppio significato del termine greco, che nel versetto del Padre Nostro traduciamo con «quotidiano» o «di ogni giorno». Questa parola (*epiúsion*) può in effetti essere tradotta così, ma conserva anche un altro significato: quello di «imminente». In fondo, chiediamo a Dio entrambe le cose: che Egli ci dia oggi il nostro pane quotidiano e che Egli ci dia oggi il «pane imminente», il «pane futuro che sta per giungere». Può sembrare un mero dettaglio, ma illumina il senso dell'«oggi» che viviamo nell'amicizia di Gesù e gli uni con gli altri. Ciascuna delle nostre amicizie è chiamata a trasformarsi in un presente che il futuro di Dio attraversa.

Sempre nel Vangelo di Luca incontriamo la scena del pianto di Gesù sulla città di Gerusalemme: «Quando fu vicino, alla vista della città pianse su di essa dicendo: "Se avessi compreso anche tu, in questo giorno, quello che porta alla pace! Ma ora è stato nascosto ai tuoi occhi. Per te verranno giorni in cui i tuoi nemici ti circonderanno di trincee, ti assedieranno e ti stringeranno da ogni parte; distruggeranno te e i tuoi figli dentro di te e non lasceranno in te pietra su pietra, perché non hai riconosciuto il tempo in cui sei stata visitata"» (Lc 19,41-44).

È fondamentale comprendere la vita come mistero di visitazione. In ogni ora siamo visitati e da questo riconoscimento dipende la pace del nostro cuore, dipende il vigore della nostra speranza. L'amicizia è l'accettazione del fatto che Dio ci visita attraverso ciò che ci è prossimo. Con gli amici costruiamo una storia che è sacra, anche se ai nostri occhi sembra fatta soltanto di cose semplici e molto umane. Dipende molto da ciò che siamo disposti ad accogliere, quando accogliamo gli altri.

C'è la storia di quell'uomo che nella sua preghiera chiede al Signore una cosa molto strana: che Egli gli faccia visita nella sua casa!

«Mi piacerebbe che venissi a casa mia».

E la risposta è ancora più strana. Dio dice:

«Va bene. Domani verrò a casa tua».

L'uomo esce immediatamente, comincia a riordinare, a disporre, a cambiare, illuminare e lucidare casa sua, apre completamente le finestre e, fin dalla prima aurora, si mette sulla soglia. Non sa quando

Dio potrebbe venire! E se ne sta così seduto quando, di prima mattina, arriva un pellegrino che ha camminato tutta la notte, con i sandali sporchi di fango, e si prepara già a entrare. Egli gli dice:

«Fermo!»

«Dammi rifugio».

«Non posso».

«Ma perché? Hai il dovere di accogliere un pellegrino».

«Non posso. Oggi la mia casa è una casa che sarà visitata da Dio».

E il pellegrino se ne va a bussare ad un'altra porta.

A metà mattina si avvicina sornione un bambino che ha visto delle belle mele disposte sul tavolo e dalla finestra allunga il braccio per cercare di prenderne una. L'uomo gli blocca il braccio con vigore, e dice:

«Che fai?»

«Soltanto una!»

«Non posso; queste mele sono per quel Dio che oggi mi farà visita».

Passano alcune ore e giunge un suo fratello, da molto lontano; un fratello che egli ama e che vuole, naturalmente, fermarsi a casa sua. Ma egli lo manda via, perché in quel giorno è in attesa di Dio.

E quando si fa sera, a quell'uomo pare la sera più dura della vita, perché Dio gli ha promesso di fargli visita ed egli è rimasto ad aspettarlo invano, fin dalla prima aurora! Come affronterà ora la notte, più oscura che mai? Allora si inginocchia e, di fronte a Dio, piange per la sua disillusione.

«Come è possibile che tu mi abbia promesso, e non abbia compiuto la promessa? Perché hai dunque detto che mi avresti fatto visita?».

Ma Dio gli risponde:
«Per ben tre volte, oggi, ho cercato di farti visita e tutte le volte mi hai detto di no».

Alla domanda «Dove abita Dio?», Martin Buber riporta la risposta data da un saggio maestro, che dobbiamo ascoltare: «Dio abita dove lo lasciamo entrare».

VII.
DIO IN CUCINA

Pensare a « Dio in cucina » è un punto di partenza intrigante, che può costituire un sostegno per illuminare la profondità della vita spirituale, territorio anche questo un po' nascosto, un po' riservato, come quello della cucina. Tutto comincia con un'affermazione di santa Teresa d'Ávila ne *Il Libro delle Fondazioni*. È l'ultima opera che questa mistica ha scritto e riunisce materiali molto diversi, raccolti lungo gli anni. Il tono generale è quello di un libro di memorie: racconta di amicizie e dialoghi, rimarca incontri e incontri mancati, annota date, rivela confidenze… A modo suo, è probabilmente uno dei volumi che maggiormente riflettono l'umanità di Teresa di Gesù, il suo gusto nel raccontare storie, temperate di umorismo e con una insolita capacità di penetrare il cuore.

Nel capitolo V,7-8, ci imbattiamo nel seguente racconto: « … Una persona con cui ho parlato pochi giorni fa, da quindici anni era così occupata dalla coscienza in mansioni e governi, che in tutto questo tempo non si ricorda di aver avuto un unico giorno per sé stessa… Il Signore l'ha ben ricompensata, poiché si trova con quella libertà di spirito tanto apprezzata e desiderata che possiedono i perfetti e nella quale incontrano tutta la felicità che si potrebbe desiderare in questa vita [...] E non solo questa persona, ma altre ancora ne ho conosciute a cui è successa la stessa cosa. Non le vedevo da parecchi anni; e se domandavo loro in che modo li avevano spesi, mi rispondevano che tutti quanti erano stati impegnati in occupazioni di obbedienza e carità. D'altro canto, mi parevano così cresciute quanto alle cose spirituali, che quasi mi spaventavano. Ebbene, figlie mie! Non vi avvilite se l'obbedienza vi tenesse impegnate in cose esteriori. Ho sentito dire che perfino in cucina, fra le pentole, il Signore è presente...».

Santa Teresa allude qui all'incontro con amiche sue con una vita molto attiva, dispersa in una moltitudine di impegni e progetti, e che, tuttavia, riescono a trovare una vitalità spirituale. In effetti esiste un malinteso vecchio di secoli che oppone, all'interno della nostra stessa coscienza, la contemplazione all'azione. Come se la vita attiva necessariamente ci desertificasse, lanciandoci lontano da noi stessi e da Dio. Ebbene, parlando alle sue sorelle contemplative, santa Teresa critica questo falso presupposto e afferma che l'esteriorità può non allontanarci dall'esperienza spirituale più profonda. Anche il più banale e infimo dei gesti esteriori, anche quei gesti senza nessun rilievo, come quelli che si adoperano nella routine della cucina (ma saranno davvero irrilevanti?), devono essere compresi in altra maniera, perché Dio Onnipotente, il Grande Signore dell'Universo, si muove nella nostra cucina, fra brocche, pentole, stoviglie, casseruole e tegami.

Apprezzo molto un passo del filosofo Paul Ricoeur, in cui si afferma: «Senza una traduzione, le frasi del mondo intero se ne rimarrebbero a svolazzare fra gli uomini come farfalle inaccessibili». Senza accettare il rischio di tradurre e concretizzare, la realtà di Dio che ci viene incontro diventa sfuggente, impalpabile. Possiamo sorridere leggendo santa Teresa, ed è già qualcosa. Ma sarebbe un peccato se a partire da questa empatia iniziale non ci sentissimo chiamati a schiudere significati nuovi e a capire la speranza con cui essi ci nutrono.

Entrare nella stanza più segreta

Dire che Dio si muove in cucina, perfino fra brocche e casseruole, implica il fatto di collocare la relazione con Dio e il riconoscimento della sua presenza in un contesto di prossimità. E una prossimità così ravvicinata che ci causa un certo imbarazzo. Ma proprio in cucina? E perché lì e non in sala o in sala da pranzo? C'è una prossimità di fronte alla quale proviamo pudore, per non dire sussulto o paura. Preferiamo collocare la questione di Dio in un contesto di neutralità. La prossimità proposta dalla metafora della cucina ci inquieta perché ci pare che Dio possa entrare in contatto con uno spazio probabilmente indegno e, in fondo, crediamo ancora che per Dio esistano luoghi adatti e luoghi non adatti.

A questo conflitto, prossimità *versus* neutralità, se ne aggiunge un altro: quello della rappresentazione *versus* la realtà. Non che siamo attori o che ci troviamo a falsificare il gioco della nostra relazione con Dio, ma è un fatto che la nostra espressione spirituale possieda molto della rappresentazione. Perché sono gesti e rituali liturgici che, per esempio, fondano la nostra preghiera; ripetiamo parole che non sono nostre, molto diverse da quelle che correntemente impieghiamo; esiste tutta una memoria che mimetizziamo e riproduciamo per dire Dio e dirci a Lui. E molte volte crediamo che la vita spirituale si riduca a questo uso di pratiche che abbiamo ereditato, ripetiamo, copiamo e trasmettiamo. Fra lo spazio della rappresentazione, anche questo necessario e prezioso, e lo spazio della nostra realtà si produce talvolta una sorta di asimmetria, un punto di non-incontro.

Dicotomie dello spazio interiore

La nostra casa è una delimitazione discontinua dello spazio. Perciò ci suscita un senso di profonda estraneità il cosiddetto open-space, che molte imprese oggi adottano. Abbiamo bisogno di spazi differenziati: una cosa è la sala, altra cosa sono la stanza da letto o la cucina. Molti scrittori hanno per esempio indagato le dicotomie che si possono stabilire fra la sala da pranzo e la cucina. La sala da pranzo come luogo del convivio, dell'ordine, dei codici dell'etichetta, di una finezza senza mancanze, ornamentale e perfetta, come se fosse un palco. E la cucina come l'altro lato, il retroscena, probabilmente più vicino alla realtà, ma anche più imperfetto, disordinato, macchiato, con stracci sparsi a casaccio, senza attenzioni concesse al bello. La sala da pranzo come luogo del godimento, come un dolce intervallo per la fruizione, una sospensione, e la cucina come simbolo del lavoro servile, che implica sforzo che non viene riconosciuto. Siamo stati abituati a pensare alla nostra vita spirituale come ad una rappresentazione, una trama che si svolge nella sala, dove facciamo confronti, vestiti di tutto punto per vedere Dio, tra dentro e fuori. La vita quotidiana, infima, banale, crediamo che non sia per Dio, non la consideriamo allo stesso livello del Sacro. Tuttavia, ci dice santa Teresa, «Dio si muove fra le pentole».

È interessante constatare che lo stesso Gesù prestava attenzione a questo dualismo rappresentazione/realtà. Nel capitolo 6 del Vangelo di Matteo afferma: «E quando pregate, non siate simili agli ipocriti che, nelle sinagoghe e negli angoli delle piazze, amano pregare stando ritti, per essere visti dalla gente. In verità io vi dico: hanno già ricevuto la loro ricompensa. Invece, quando tu preghi, entra nella tua camera, chiudi la porta e prega il Padre tuo, che è nel segreto». Ci troviamo qui in presenza di una fuga da ogni rappresentazione e di una sua relativizzazione. È certamente un bene pregare nella sinagoga, e anche Gesù lo fece. Ma la realtà della preghiera non può essere limitata a questo contesto, e lasciare disabitata la nostra «camera più segreta». Le espressioni spirituali possono diventare pericolose quando fissano nient'altro che un'apparenza e sono vuote della nostra singolarità e della reale trascendenza di Dio. Entrare nell'angolo più recondito della nostra casa è garanzia del fatto che la rappresentazione è stata relativizzata e che nel nasconderci, nel luogo in cui siamo più noi stessi, cerchiamo una relazione personale, umile e autentica con Dio. Viviamo la sua amicizia.

Pensare Dio a partire dal crudo e dal cotto

Pensiamo la questione di Dio a partire dal crudo e dal cotto. *Il crudo e il cotto* è un'opera dell'antropologo Claude Lévi-Strauss, in cui egli studia vari miti indigeni dell'Amazzonia che hanno in comune il fatto di spiegare l'uso del fuoco in cucina. E perché Lévi-Strauss si interessa tanto a questo argomento? Perché, dice, la cucina segna il passaggio dalla natura alla cultura. Il crudo rappresenta lo stato naturale. Il cotto è una trasformazione operata dagli uomini. La cucina rappresenta la costruzione dell'autonomia dell'uomo nei confronti della natura, la sua capacità di differenziarsi e di essere. L'uomo non è solo frutto delle circostanze naturali, anche egli, anzi, offre qualcosa di suo e di unico.

Nella maggior parte di questi miti la comparsa del fuoco e della cucina avviene al costo di un rottura con la divinità. La stessa cosa è raccontata in una narrazione mitologica a noi più vicina, quella di Prometeo, che ruba il fuoco agli dèi per consegnarlo agli uomini, e patisce per questo un duro castigo. La cucina è, così, presentata come un taglio netto rispetto al divino, un centrarsi nell'uomo e nelle sue possibilità. Per questo l'immagine di santa Teresa che descrive il passaggio di Dio nella cucina possiede più implicazioni di quelle che una prima lettura ci fa presumere. Dio entra in cucina e non accusa l'uomo per via della sua autonomia. Non esiste nessuna concorrenza: Dio non accusa l'uomo perché ha costruito uno spazio diverso dalla natura, dalla creazione. Dio compare come ispiratore. L'immagine di santa Teresa è inattesa, ma anche pacificatrice: «perfino in cucina, fra le pentole, si muove il Signore».

Con Claude Lévi-Strauss apprendiamo anche che la cucina è per eccellenza il luogo della trasformazione, al contrario della natura che ci offre linee di immutabile continuità. In ciascuna delle nostre cucine avvengono così tante trasformazioni che esse diventano quasi invisibili e ormai ci paiono banali. La cucina è il luogo dell'instabilità, della ricerca, dell'incertezza, delle mescolanze inattese, delle soluzioni impreviste, delle ricette adattate. La cucina è il luogo della creatività e della ricomposizione. Perciò, molte volte è in disordine, mentre dovrebbe essere ordinata, perché la funzione della cucina è quella di vivere in questa sorta di attesa di ricomposizione. L'antropologo ci insegna che la cucina si fa metafora della stessa esistenza umana, poiché contraddistingue l'uomo, precisamente per questa capacità di vivere nella trasformazione, in una mobilità che non è soltanto geografica.

La proposta di santa Teresa diventa poco a poco più complessa, se pensiamo a cosa è la cucina. È piuttosto facile identificare la relazione con Dio in linee perenni. I grandi paradigmi che abbiamo ereditato ci parlano della vita spirituale a partire dalla continuità e dalla ripetizione. L'ideale sarebbe mantenere sempre lo stesso, inalterato. Ma la metafora della cucina ci parla della trasformazione come di un beneficio. Molte volte il nostro conflitto e il nostro dolore nascono da questa impasse: da un lato non siamo capaci delle linee di continuità che idealizziamo, dall'altro non siamo davvero pronti a valorizzare, da un punto di vista spirituale, i cambiamenti permanenti attraverso i quali passiamo.

Dio è visibile, noi siamo invisibili

Il filosofo e antropologo Michel de Certeau, assieme ad una équipe di ricercatori, ha dedicato una grande attenzione all'antropologia del quotidiano e alla raccolta dei suoi segnali, vedendo in quello che in genere si considera una storia minore o una non-storia forme significative per la comprensione dell'*habitat* umano. Forse ognuno di noi, interrogato sulla sua vita, si soffermerebbe su una serie di date che mostrano i grandi avvenimenti, ciò che è straordinario. Tuttavia ciò che maggiormente determina la nostra vita è questa dimensione silenziosa e sommersa che il paradigma della cucina ci aiuta a rivelare. Questa esistenza svolta in spazi né pubblici né tali da fare notizia, come l'immagine di ciascuno di noi nella sua cucina, lascia scorgere la vita nella sua concretezza, nel suo travaglio, nella sua difficoltà e nel suo desiderio. E il cibo è sempre legato al desiderio, da quando siamo neonati e cerchiamo il latte di nostra madre. È un legame che ci rimane per sempre.

Ammiro molto le righe che Certeau scrisse quando presentò il suo progetto: «Il quotidiano è ciò che più intimamente ci rivela… è una storia di noi stessi a metà strada, quasi in forma di ritratto, ma a volte velato; non dobbiamo dimenticare questo "mondo memoria", per usare l'espressione di Péguy. Siamo legati a quel mondo attraverso il cuore, la memoria olfattiva, la memoria dei luoghi dell'infanzia, la memoria del corpo, dei gesti, dei piaceri… Ciò che interessa allo storico del quotidiano è l'invisibile».

Una mistica del quotidiano

Parlare della cucina è parlare dell'invisibilità che tutti noi siamo. Come possiamo valorizzare questa dimensione attraversata da Dio? O meglio: come ci lasciamo attraversare da Dio in questa nostra invisibilità? È molto comodo dire che Dio è invisibile e noi siamo visibili. Ma dietro ad una verità ce n'è sempre un'altra. E quest'altra ci sussurra che Dio è visibile e noi invisibili. La cucina ci ricorda questa porzione, probabilmente più intima e originale, che ci costruisce ed è legata al nostro corpo, al nostro desiderio, alla nostra lotta per la sopravvivenza, ai nostri piaceri, l'incontro in cui la trasformazione che diamo alle cose riflette anche quella che accade dentro di noi. Passare da una spiritualità che si fonda nell'esperienza dello straordinario, ad una mistica del quotidiano, ad una spiritualità capace di cogliere le dimensioni di questa memoria invisibile che ciascuno trasporta, è una sfida enorme.

Mi sovviene un racconto zen che narra la storia di un discepolo prossimo ad essere valutato dal maestro. Durante sette anni ha appreso, ascoltato, ha ricercato con ammirevole persistenza, ha interrogato i grandi libri, si è seduto in silenzio fra i saggi autorizzati. Ora sta per entrare nell'aula in cui il maestro gli sottoporrà una domanda, una soltanto, ma che decide tutto. Saprà rispondere e, così, elevarsi anch'egli alla condizione di maestro? Negli ultimi giorni, il discepolo ha raddoppiato con applicazione lo studio. Niente di ciò che si può sapere del cielo, della terra, o delle profondità, invero gli sfugge. Ma quando entra e si avvicina al maestro, la domanda non potrebbe essere più sconcertante. Il maestro gli domanda soltanto: «quando sei entrato, dove hai lasciato le scarpe, a destra o a sinistra dell'armadio?».

E Gesù, sarà passato anche lui per la cucina? Avrà parlato e pensato alla cucina come luogo di questa memoria invisibile, indicibile, trasformante, che ogni uomo e ogni donna portano con sé? Il mangiare e il bere sono molto importanti per comprendere tutte le religioni e tutti i gruppi umani. Gli antropologi affermano che quando si conosce il luogo in cui si mangia, come si mangia, con chi si mangia, e cosa si mangia, si conosce ciò che più conta in relazione ad un gruppo umano. Anche il cristianesimo si è interessato molto al cibo, ma al contrario delle altre due religioni monoteiste, il giudaismo e l'islamismo, ha rinunciato alle proibizioni alimentari. La tavola e il pasto sono diventati il luogo per eccellenza della memoria, dell'incontro e dell'utopia cristiana.

Gesù non ci ha insegnato a preparare un piatto. Leggendo il Vangelo non saremo capaci di preparare una cena, ma siamo capaci di organizzare un banchetto: chi dobbiamo in primo luogo invitare, dove dobbiamo sederci, quale deve essere il nostro atteggiamento, ecc… Egli fu accusato di essere un mangione e un beone dai suoi oppositori, e alla resa dei conti lo era. E una delle ultime cose che disse fu: «Ho tanto desiderato mangiare questa Pasqua con voi» (Lc 22,15). Il mangiare non era affatto un qualcosa di episodico nella vita di Gesù. È interessante il verbo che viene usato, «Ho desiderato», perché il pasto è legato al desiderio.

I Vangeli ci raccontano di vari pasti il cui senso noi indeboliamo, se li leggiamo soprattutto per il loro lato miracoloso e meraviglioso, che ci rende attenti, ma non inquieti. Siamo rapidamente sazi del miracolo. Ci scordiamo che questi pasti sono atti performativi di Gesù, in cui Egli esplicita l'impertinenza del suo progetto, mettendo coloro che non potrebbero stare assieme attorno ad una stessa tavola, stendendo in un prato fraterno ed egualitario una moltitudine sterminata di uomini e di donne.

Ma, oltre ai pasti, ci sono almeno due episodi in cui lo sguardo di Gesù osserva al di là della tavola e il suo sguardo giunge alla cucina. Il primo episodio è quello delle sue amiche Marta e Maria (cfr. Lc 10,38-42): «Mentre erano in cammino, entrò in un villaggio e una donna, di nome Marta, lo ospitò. Ella aveva una sorella, di nome Maria, la quale, seduta ai piedi del Signore, ascoltava la sua parola. Marta invece era distolta [si muoveva occupata] per i molti servizi. Allora si fece avanti e disse: "Signore, non t'importa nulla che mia sorella mi abbia lasciata sola a servire? Dille dunque che mi aiuti". Ma il Signore le rispose: "Marta, Marta, tu ti affanni e ti agiti per molte cose, ma di una cosa sola c'è bisogno . Maria ha scelto la parte migliore, che non le sarà tolta"».

Gesù rivela uno sguardo critico in relazione al modo in cui Marta vive il suo stare in cucina. Ciò è descritto dal narratore lucano, che generalmente è molto preciso, come un «muoversi occupata per i molti servizi» e lontano dall'ospite. Poiché vuole far partecipe di questo servizio anche sua sorella, Gesù critica questo suo atteggiamento del fare, che non lascia spazio all'unica cosa che davvero è necessaria: l'accoglienza del dono, stare attenti al dono, il dono di avere un tale ospite. C'è un fare che si mette in dialogo con un dono, ma ce n'è un altro che ci fa scordare il senso e il sapore del dono. C'è un fare che non è altro che fare, e ce n'è un altro che ci rende sempre più capaci di accogliere. Non essere solo preoccupati con il dare, ma anche con la sintonia rispetto questo dono. La cucina può essere soltanto il luogo del fare, del servizio, del soddisfarsi delle necessità, della routine, molto più che un luogo di scoperta. Gesù vuole che Marta si rincontri all'interno della sua cucina. Non sempre è così chiara la differenza fra il dover dare, il dover servire e il dare e il servire veramente.

Quando Gesù cucinò all'alba

L'altro episodio si presenta nel capitolo 21 del Vangelo di san Giovanni e racconta l'ultimo pasto di Gesù. «Dopo questi fatti, Gesù si manifestò di nuovo ai discepoli sul mare di Tiberìade. E si manifestò così: si trovavano insieme Simon Pietro, Tommaso detto Dìdimo, Natanaele di Cana di Galilea, i figli di Zebedeo e altri due discepoli. Disse loro Simon Pietro: "Io vado a pescare". Gli dissero: "Veniamo anche noi con te". Allora uscirono e salirono sulla barca; ma quella notte non presero nulla. Quando già era l'alba, Gesù stette sulla riva, ma i discepoli non si erano accorti che era Gesù. Gesù disse loro: "Figlioli, non avete nulla da mangiare?". Gli risposero: "No". Allora egli disse loro: "Gettate la rete dalla parte destra della barca e troverete". La gettarono e non riuscivano più a tirarla su per la grande quantità di pesci. Allora quel discepolo che

Gesù amava disse a Pietro: “È il Signore!”. Simon Pietro, appena udì che era il Signore, si strinse la veste attorno ai fianchi, perché era svestito, e si gettò in mare. Gli altri discepoli invece vennero con la barca, trascinando la rete piena di pesci: non erano infatti lontani da terra se non un centinaio di metri. Appena scesi a terra, videro un fuoco di brace con del pesce sopra, e del pane. Disse loro Gesù: “Portate un po’ del pesce che avete preso ora”. Allora Simon Pietro salì nella barca e trasse a terra la rete piena di centocinquantatré grossi pesci. E benché fossero tanti, la rete non si squarciò. Gesù disse loro: “Venite a mangiare”. E nessuno dei discepoli osava domandargli: “Chi sei?”, perché sapevano bene che era il Signore. Gesù si avvicinò, prese il pane e lo diede loro, e così pure il pesce. Era la terza volta che Gesù si manifestava ai discepoli, dopo essere risorto dai morti» (Gv 21,1-14).

Questo episodio è molto interessante per l’incrocio di due storie: la storia di un lavoro fallito, che Gesù risolve in abbondanza, e un’altra più silenziosa, al suo interno, quella di un amico che nel margine di quella notte, di quell’alba, nel margine di quei giorni difficili che sono i giorni della Pasqua, prepara pesci e pane da offrire. È necessario che il lavoro, la fatica, la necessità di pescare i 153 grandi pesci non impediscano la meraviglia e il desiderio di ricevere. Lì, ciò che conta non è quello che hanno trovato, ma il pesce unico che Gesù rigirò sulla brace durante quell’alba. È importante che la routine della cucina non faccia tacere il dinamismo del dono: il fatto che siamo doni e accogliamo il dono l’uno dell’altro.

Dall'ornamento al reale: ritrovare il filo del desiderio

Esiste un testo molto provocatorio di Roland Barthes, che fa parte della sua opera *Mitologie* e che si intitola «Cucina ornamentale». È l'analisi di un motivo che sembra perfino frivolo. Una serie di riviste rosa offrono molto spazio alla culinaria, ma ad una culinaria che non si può realizzare, poiché è di una tale ricercatezza, di un tal barocchismo ed esagerazione, che serve soltanto per essere mangiata con gli occhi, per essere vista sulla carta. Si tratta di una cucina mitologica, non riproducibile, ornamentale. E racconta: «La rivista *Elle* ci offre quasi tutte le settimane una bella fotografia a colori di un piatto preparato: pernici dorate in crosta di ciliegie, polli con gelatina rosata, vassoi di granchi circondati da conchiglie rosse, torte ornate con disegni di frutti canditi, dolci alla panna multicolori ecc… […] L'ornamento procede per due strade contraddittorie: da un lato si allontana dalla natura, grazie a un barocchismo delirante (schiacciare ciliegie in un limone, imbiondire un pollo, servire pompelmi caldi) e, dall'altro lato, cerca di ricostruirla, attraverso un artificio stravagante (disporre funghi, meringhe e foglie di agrifoglio su di un ceppo natalizio, collocare teste di granchio intorno alla complicata besciamella che gli ricopre il corpo). […] La cucina di *Elle* è una cucina di idee. La sua invenzione, confinata ad una realtà fantasiosa, deve incidere in modo esclusivo sugli ornamenti, perché la stessa vocazione della rivista le impedisce di trattare i problemi reali dell'alimentazione».

Esiste anche una vita spirituale fatta solo per la carta, e proposte stagionali di ornamentazione in cui dobbiamo mettere ciliegie dentro i limoni e decorare in modo delirante il nostro percorso interiore. In che misura la nostra spiritualità può riuscire a sfuggire dall'ornamentale? La soluzione forse passa attraverso il re-incontrare la nostra cucina, dal capire che in questo spazio reale Dio si muove. E ci permette, nel fondo più autentico di noi stessi, di ritrovare il filo dell'amicizia e del desiderio.

VIII.
A TAVOLA, ASSAPORIAMO L'AMICIZIA DI GESÙ

È vero che l'eucaristia (cfr. Lc 22,19-20), centro della vita del Regno, è un pasto, e che essa condensa, attorno ad una tavola, l'intero destino del Signore, come se tutti i suoi gesti e le sue parole confluissero, alla fine, nell'unità di un unico gesto e di un'unica parola. Ma l'eucaristia è nata già come un pasto atipico, impregnato di una semantica irriducibile a questo genere di inquadramento. Fin dall'inizio è stata accolta e raccontata, nella fede della comunità cristiana, come il dono radicale di se stesso di cui Gesù è stato protagonista e come il commensare che congrega i credenti intorno a questo avvenimento. Tuttavia, al di là dell'eucaristia, verifichiamo che i Vangeli sono ricamati dalla memoria di altri pasti. E questi, collocando Gesù in una situazione simbolica colma di implicazioni, illuminano per noi il senso profondo dell'amicizia di Gesù.

IL SIGNIFICATO ANTROPOLOGICO DEL «MANGIARE IN COMPAGNIA»

Il mangiare in compagnia trasforma la soddisfazione di una necessità in un momento sociale di grande portata. La tavola, come uno specchio, riflette la vita.

A tavola ciò che avviene non è soltanto la consumazione di un atto biologico, ma la significativa espressione di alcuni dei codici più intrinsechi ad una cultura. Già in Plutarco si poteva leggere che non ci sediamo a tavola soltanto per mangiare, ma per mangiare *con*, e questo convivio costituiva, nel quadro dei valori del mondo mediterraneo di allora, un fattore di distinzione fra l'uomo civilizzato e il barbaro.

La compagnia a tavola fa del motivo dell'alimentazione una sorta di microcosmo che riflette desideri e proibizioni, pratiche e traffici di senso. Se osserviamo il modo in cui i pasti si svolgono, acquisiamo il possesso della struttura interna, dei valori e delle gerarchie di un determinato gruppo umano, così come dei limiti che questo fissa rispetto al mondo che lo circonda. Perché quando si arriva a comprendere la logica e il contenuto degli alimenti, e dell'ordine che regola la tavola (con chi si mangia, dove si mangia, la logica dei diversi luoghi e funzioni a tavola...), si conquista una conoscenza estremamente importante.

Osserviamo il caso dei banchetti greci. Essi si svolgevano generalmente in due tappe: il pasto in sé per sé e il simposio, un tempo successivo al pasto, destinato al bere e al conversare. Era questo il momento in cui sorgeva il tema di dialogo comune, al quale tutti i commensali erano interessati. La tavola è, fra le altre cose, un patto di linguaggio, perché l'ospite porta in dono la narrazione della sua storia. È uno spazio/tempo in cui il raccontare si realizza nel raccontarsi. Davanti a coloro che mi ascoltano si apre la possibilità dell'autobiografia, che permette la ricomposizione dei frammenti, il riallacciarsi di fili spezzati, l'incontro delle parole che confessano l'intima architettura della vita. Possiamo evocare Ulisse, che nelle diverse tappe del suo ritorno a Itaca assume lo statuto di ospite e poco a poco rivela, in progressione, la sua identità. Ad un certo punto, per esempio, il re dei Feaci gli chiede: «Caro ospite mio, non nascondermi [...] ciò che voglio chiederti; parla con franchezza! Dimmi come in patria tuo padre e tua madre e tutti gli altri uomini ti chiamano... Dimmi anche il nome del tuo paese, del tuo popolo e della tua città...».

Presto il simposio (come realtà e come dispositivo letterario) si trasforma anche nel momento privilegiato della pratica filosofica. In Platone e Senofonte è Socrate il principale invitato dei pasti e l'obiettivo del simposio oltrepassa il ristretto godimento di un convivio, fino a rappresentare la dialettica in cerca della verità.

Un ideale biblico

Ancora oggi si afferma che «il giudaismo si impara mangiando». Partendo da ciò che è scritto nella Legge (Lv 11; Dt 14) e nella tradizione, si può dire che le scelte alimentari di un membro del popolo di Dio fondano la sua identità. In effetti non possiamo dimenticare che il primo comandamento che Dio ha stabilito per Adamo ed Eva, nel racconto dell'Eden, era di categoria alimentare («Tu potrai mangiare di tutti gli alberi del giardino, ma dell'albero della conoscenza del bene e del male non devi mangiare, perché, nel giorno in cui tu ne mangerai, certamente dovrai morire», Gen 2,16-17); che la terra promessa viene definita soprattutto nei termini delle sue risorse alimentari, terra in cui «scorrono latte e miele» (Dt 6,3; 8,8; 11,9; 26,9-10.15; 27,3; 31,20; 32,13-

14); che l'obiettivo della grande marcia di Mosè con il popolo, dal Mar Rosso al Giordano, è come «mangiare e rallegrarsi» davanti al Signore Dio (Dt 27,7). La consumazione dell'Esodo si esprime in una idealizzazione del commensare: un commensare celebrato nell'abbondanza dei frutti della raccolta e nella solidarietà fra tutti i membri del popolo.

Il paradigma del banchetto diventa poi, nella letteratura profetica, un motivo che annuncia i tempi messianici. La presenza implicita del Messia fa irrompere, fra i naufragi e le dilacerazioni della storia, la pienezza dell'incontro con la salvezza di Dio. Questa ricreazione messianica è frequentemente rappresentata con l'immagine del banchetto: «Preparerà il Signore degli eserciti per tutti i popoli, su questo monte, un banchetto di grasse vivande, un banchetto di vini eccellenti, [...] Il Signore Dio asciugherà le lacrime su ogni volto» (Is 25,6.8). Da questo banchetto i poveri non sono esclusi: «O voi tutti assetati venite all'acqua, voi che non avete denaro, venite, comprate e mangiate; venite, comprate senza denaro, senza pagare, vino e latte» (55,1); e specialmente ad essi è reiterata la promessa dei nuovi tempi: «e gusterete cibi succulenti» (Is 55,2).

Sul piano della prassi, però, questo ideale biblico molte volte non è stato altro che questo: appunto un ideale. Perché la realtà è che il commensare serviva per rafforzare linee di divisione, consolidando meccanismi di esclusione nel tessuto sociale e religioso. Contro questo stato di cose si rivolge la profezia di Amos: «Distesi su letti d'avorio e sdraiati sui loro divani mangiano gli agnelli del gregge e i vitelli cresciuti nella stalla. Canterellano al suono dell'arpa, come Davide improvvisano su strumenti musicali;

bevono il vino in larghe coppe e si ungono con gli unguenti più raffinati, ma della rovina di Giuseppe non si preoccupano» (Am 6,4-6).

Gesù, ospite dei farisei

Una delle particolarità del Vangelo di Luca è quella di raccontarci che, per tre volte, Gesù fu ospite della tavola dei farisei: «Uno dei farisei lo invitò a mangiare da lui» (7,36); «Mentre stava parlando, un fariseo lo invitò a pranzo [a pranzare a casa sua]» (11,37); «Un sabato si recò a casa di uno dei capi dei farisei per pranzare» (14,1). Queste occasioni, pur dimostrando, in sé, innegabilmente, un elemento di gentilezza da parte dei farisei verso Gesù (tanto da farci effettivamente pensare che il terzo Vangelo attenui in parte il polemico tono antifarisaico degli altri sinottici), tuttavia continuano ad essere episodi dominati dalla controversia, poiché Gesù si rivelerà un ospite scomodo. Nel primo di questi pasti (7,36-50), Gesù permette ad una peccatrice di toccarlo, contaminando di impurità quell'ambiente, e di fronte ad un tale spettacolo il suo anfitrione fariseo mette in dubbio il fatto che egli sia davvero un profeta. Nel successivo, a proposito delle abluzioni, Gesù proferisce un discorso violento contro l'ipocrisia ritualista dei farisei e degli scribi che si curano in modo ossessivo dell'esteriorità, mentre l'interiorità continua ad essere colma di «avidità e cattiveria [perversione]» (11,39). Discorso che scatena la loro persecuzione nei confronti di Gesù (cfr. 11,53). Nel terzo di questi pasti, Gesù cura un idropico di sabato e critica il protocollo della tavola (selezione degli invitati, strategia della loro collocazione...) e finisce per raccontare la parabola del banchetto rifiutato che avrà per commensali gli invitati più inopportuni (poveri, storpi, ciechi, zoppi).

I banchetti con i farisei rappresentano, nel cammino di Gesù, non un'esperienza di incontro, ma di confronto, poiché Gesù e la sua missione non erano suscettibili di essere assorbiti da una religiosità che si basava sull'esclusione. Ciò che osserviamo è il selezionato ambiente farisaico che viene aperto a peccatori che vi cercano e trovano l'accoglienza di Gesù. E il pomo della discordia è la loro amicizia con Gesù. Il problema non è tanto che Gesù beva e mangi, perché l'ascetismo di Giovanni era anzi duramente rifiutato dalle autorità del popolo (cfr. Lc 7,33). La questione è piuttosto il fatto che Gesù beva e mangi in compagnia dei peccatori, facendo del commensare un incontro che va al di là delle frontiere che la Legge stabilisce. E, nella parabola di coloro che rifiutano il banchetto escatologico, Gesù vi permette l'accesso esattamente a coloro i quali erano considerati la feccia. Poveri, impuri e pagani, quei personaggi-tipo che un fedele aveva l'obbligo di allontanare dal suo convivio, sono, più che invitati, spinti, obbligati a prendere parte al banchetto, esprimendo così il trionfo della grazia sulla loro mancanza di preparazione (cfr. Lc 14,15-24). Come comprendere questa amicizia di Gesù?

Gesù, amico dei peccatori

Accettando di mangiare e bere con i peccatori, Gesù sta infrangendo un potente sistema di purità.

Ma la verità è che il gesto di Gesù non è solo di rottura, ma è di affermazione di una nuova esperienza di Dio. Nella linea dell'apertura universalistica del banchetto messianico che i profeti progettarono per il futuro, Gesù rivendica per il suo oggi un vissuto religioso che va oltre il rinvigorimento della legalità, facendosi promotore del ritorno degli esclusi all'amicizia di Dio.

L'intenzione di Gesù può essere colta nel racconto del primo pasto che si tiene coi peccatori in casa del pubblicano Levi. Dopo che Gesù eleva alla condizione di discepolo il pubblicano Levi, questi offre un banchetto. Ebbene, i farisei e gli scribi mettono in questione la mescolanza di Gesù e dei suoi discepoli con quella gente, considerata impura: «Come mai mangiate e bevete insieme ai pubblicani e ai peccatori?» (Lc 5,30). La risposta data da Gesù rappresenta una sorta di chiave di lettura dell'originalità del suo ministero. In verità Gesù non lotta per l'abolizione delle norme cui essi si legano, ma parla, semmai, dell'emergere di una necessità superiore: «Non sono i sani che hanno bisogno del medico, ma i malati» (Lc 5,31).

Scorgiamo un colore sapienziale, esplicativo, in questa affermazione in cui Gesù si paragona al medico che corre il rischio di contagiarsi pur di realizzare il proposito irrinunciabile di accudire all'indigenza del malato. Gesù è venuto a chiamare i peccatori per indurli alla conversione. Egli non osserva i peccatori in astratto, o con un atteggiamento di giustificazione, ma vede i singoli integrati in una concreta situazione storica, che funzionano come punto di partenza verso un autentico incontro di amicizia, che è sempre un incontro di trasformazione.

Gesù rivolse, senza nessun tipo di riserva, la sua attenzione a gente ritenuta impura, a causa delle malattie, di possedimenti o deficienze. Al contrario di ciò che Lv 21,17-20 prescrive, affermò che «storpi, zoppi e ciechi» devono essere gli invitati preferiti, quando si offre una festa (cfr. Lc 14,21-14). Mantenne un commensare noto al pubblico con persone moralmente inconvenienti. Fu notato assieme a peccatori e pubblicani e, con questi, si sedeva a tavola. E non si difese né si sentì offeso dal contatto di una peccatrice pubblica (cfr. Lc 7,37-39).

È curioso notare il modo con cui il narratore ripete questa immagine di Gesù lungo tutto il racconto. Il detto di Gesù, in Lc 5,32, «io non sono venuto a chiamare i giusti, ma i peccatori», con questa aggiunta tipicamente lucana, «perché si convertano», spiega bene come alla base del programma narrativo del personaggio si collochi la trasformazione radicale delle situazioni. Luca, per esempio, non si stanca di sottolinearlo: i morti che Gesù tocca, risuscitano; i lebbrosi vengono purificati; l'emorroissa è curata, il cieco comincia a vedere, la peccatrice è perdonata rispetto ai suoi peccati. Gesù metteva le persone in contatto con Dio, relativizzando o offrendo un senso nuovo alle norme della purezza. Tutto si lega alla percezione che Gesù ha di Dio e della sua identità personale.

Per i farisei e gli scribi, Gesù spingeva troppo oltre la sua convivenza, sedendosi alla stessa tavola coi peccatori, poiché la comunità della tavola univa i commensali fra di loro. Ma non vollero vedere come l'amicizia di Gesù costituisse l'opportunità per una radicale conversione che inaugurava, nel tempo di quelle vite, il tempo del Regno di Dio. È pur vero che l'esperienza della misericordia e del perdono di Dio non è propriamente una novità in relazione alla tradizione biblica anteriore. Ma questa insistenza, prefigurata nell'amicizia, di un dono della misericordia divina senza condizioni previe, e già in azione (non sono i peccatori che si convertono per poter così ottenere la misericordia; i peccatori sono oggetto di questa misericordia e per questo si convertono!) ed è così inedita che suona come qualcosa di scandaloso. Perché di fatto non è solo l'atto simbolico che Gesù in seguito compirà con la purificazione del tempio (cfr. Lc 19,45-46) e con l'annuncio della sua rovina (cfr. Lc 21,5-7) a collocarlo in rotta di collisione rispetto alle autorità sacerdotali. È il suo stesso ministero che afferma una autonomia originale in relazione alla tutela che il Tempio svolgeva nella religiosità di Israele. Presentandosi in un commensare amichevole con i peccatori, come «colui che perdona» i peccati, Gesù rivendica il superamento del tempio. In un certo qual modo, i rituali del tempio perdono la loro efficacia. Solo chi incontra Gesù è toccato da una fede che salva (cfr. Lc 17,19).

Ciò che ci impedisce la gioia

Ma Gesù non annuncia unicamente che è venuto ad incontrare i peccatori. La sua affermazione possiede una portata superiore, maggiormente polemica e dirimente: «Io non sono venuto a chiamare i giusti, ma i peccatori perché si convertano» (Lc 5,32). Forse che con questa affermazione Gesù stia mettendo da parte i giusti e a sua volta, anch'egli, cominci ad escludere? Ciò che Gesù fa è constatare che i peccatori sentono una carenza rispetto all'incontro e all'amicizia, poiché riconoscono un «bisogno di medico» (5,31), mentre coloro che si considerano giusti si chiudono in una umana pretesa circa se stessi. La coscienza di una giustizia personale o di gruppo funziona come un impedimento al riconoscimento della novità che Gesù offre. Per questo il modello di atteggiamento di fronte a Gesù difeso dal racconto evangelico è quello del peccatore. Perfino Pietro, il primo dei discepoli, la prima cosa che dice a Gesù è: «Signore, allontanati da me, perché sono un peccatore» (Lc 5,8)! Ebbene, anche l'autocoscienza della sua stessa fragilità è motore dell'apertura all'amicizia di Gesù.

Il capitolo 15 della narrativa lucana, il cosiddetto «Vangelo dei perduti» (la pecora, la dracma, il figlio), parte da un'accusa mossa nei confronti di Gesù. I primi versetti (1-2) tracciano il seguente quadro: «Si avvicinavano a lui tutti i pubblicani e i peccatori per ascoltarlo. I farisei e gli scribi mormoravano dicendo: "Costui accoglie i peccatori e mangia con loro"». La risposta di Gesù (le tre parabole della misericordia) non placa le orecchie del suo uditorio.

Descrivendo, nell'ultima delle storie (cfr. Lc 15,11-32), il comportamento di un padre che invece di porre giustissime obiezioni al ritorno del figlio traviato ordina che si prepari una festa per celebrare il suo ritorno – una festa che non era mai stata offerta al figlio che era rimasto con lui – rompe con un'idea accettabile di Dio. Gesù non solo rivela un Dio che corre ad abbracciare i perduti che ritornano, ma un Dio che possiamo allo stesso modo perdere se non lo accettiamo tal quale egli è, nel suo smisurato desiderio di amicizia.

Dio sollecita il giusto affinché celebri con gioia la conversione del peccatore («Rallegratevi con me, perché ho trovato la mia pecora, quella che si era perduta», Lc 15,6; «Rallegratevi con me, perché ho trovato la moneta che avevo perduto», Lc 15,9; «ma bisognava far festa e rallegrarsi, perché questo tuo fratello [...] era perduto ed è stato ritrovato», Lc 15,32). La fedeltà del figlio maggiore, che egli stesso ricorda al padre («Ecco, io ti servo da tanti anni e non ho mai disobbedito a un tuo comando», Lc 15,29) e che il padre riconosce («Figlio, tu sei sempre con me», Lc 15,31), avrebbe avuto la sua più grande prova nell'accettazione del fratello che ritorna. La gioia della conversione è piena soltanto quando il giusto accetta amichevolmente nell'ultimo arrivato un fratello perduto e prende parte alla festa di quella casa in cui si sentono, ci dice Luca, «musica e danza» (Lc 15,25).

La comunione di tavola e l'amicizia coi peccatori potevano essere considerate, da coloro che gli erano avversi, come una insolenza di Gesù, un modo di agire anarchico dal punto di vista sociale e religioso. Ma erano molto di più di tutto ciò: erano l'espressione del fatto che il Regno era giunto con lui, e che la gioia comune e senza frontiere era una realtà possibile. Non meraviglia che l'amicizia si trasformi in un dispositivo fondamentale di rivelazione cristologica.

IX.
UN AMICO È UN TESTIMONE

Noi siamo fatti di tempo; siamo impastati con l'argilla del tempo; siamo fatti di età, di stagioni, di ore, di giorni; siamo fatti di cronometrie, cioè di misurazioni del tempo, visibili e invisibili. In effetti, tutto ciò che è umano è fatto di tempo; siamo una riserva di tempo; strati di tempo che mano a mano si accumulano. Per dirlo con una sola parola: siamo durata.

Molte volte, quando ci decidiamo a guardare il nostro volto, ci accorgiamo con sorpresa che è passato del tempo, e di come il tempo sia per noi una sorpresa, poiché non ci accorgiamo che è passato, o che, per noi, sia passato così. In una vita spirituale autentica abbiamo bisogno di meditare sul tempo. C'è un passo di un'opera di Romano Guardini, intitolata *L'accettazione di sé e le idee della vita,* che mi sembra, in questo senso, esemplare. Dice il teologo: «Per me stesso, io non sono semplicemente una cosa evidente. Sono anche un estraneo, dono enigmatico, potrei anzi dire che sono uno sconosciuto».

Parlare del tempo significa parlare di questa complessa apparizione a noi stessi, riferire la sorpresa con cui ci cogliamo, nominare lo sgomento di essere, spesso, completamente estranei a noi stessi. Quando mi vedo, chi vedo? Quando mi guardo, sto osservando proprio me stesso? Questa persona che ero sicuro di conoscere benissimo, con una stabilità non questionabile – io sono questo, io sono quello – ora la percepisco mutevole, perché ciascuno di noi è un flusso, un viaggio, un progetto aperto, un'epifania non conclusa. Scrive sant'Agostino nelle *Confessioni:* «Cos'è dunque il tempo? Se nessuno me lo domanda lo so, ma se volessi spiegarlo a chi me lo domanda, non lo so».

Un amico è un testimone

Esiste un proverbio che recita: «Vivere senza amici è come morire senza testimoni». Gli amici introducono nella nostra vita una sorta di attestato. Gli amici sanno cos'è per noi il tempo. Si fanno testimoni del fatto che siamo stati, che abbiamo fatto, che abbiamo amato, che abbiamo inseguito determinati sogni e che siamo stati perseguitati da questa o quella sofferenza. E lo fanno non con quella superficialità che è spesso tipica delle convenzioni, ma nella forma di chi si compromette con noi, caratteristica di chi accompagna. Lo sguardo dell'amico è un'ancora. A questa noi ci afferriamo nelle diverse stagioni della vita per ricevere quel bene inestimabile di cui abbiamo assoluta necessità e che, veramente, solo l'amicizia può darci: la certezza del fatto di essere accompagnati e riconosciuti. Senza di questo la vita è una scialba musica in sordina destinata alla dimenticanza.

La storia di ciascuno di noi si consuma attraverso una necessità di riconoscimento. Affinché ci sia un «io» deve necessariamente esistere un «tu». Assieme ad ogni uomo viene al mondo qualcosa di nuovo che non è mai esistito prima, qualcosa di inaugurale e unico, ma è nella costruzione di una reciprocità che lo possiamo scoprire in modo consistente. L'«io» possiede un'imperiosa carenza d'essere guardato amichevolmente dall'altro, e dagli altri, per organizzarsi e osare il rischio del sé. Lo scriveva già Aristotele nell'*Etica Nicomachea:* «l'uomo felice ha bisogno di amici». Possiamo ammalarci per la mancanza di amici. Abbiamo necessità di questo riconoscimento mutuo, da persona a persona: un riconoscimento che non si fonda sul confronto o sulla competizione, ma sull'affetto; un riconoscimento che non è determinato meramente dalle leggi della giustizia o dai vincoli di sangue, ma sostenuto dalla gratuità.

Colmo di una sapienza abbondantemente immersa nella Bibbia, Martin Buber ricorda che la vita dell'essere umano non si può restringere soltanto all'ambito dei verbi transitivi: ciò che faccio, ciò che compro, ciò che mangio... I verbi transitivi si iscrivono nel regno del «Questo». Ma la verità è che «Questo» non basta, abbiamo bisogno di un «tu». «Questo» è qualcosa che possediamo. Al contrario, chi dice «tu» non possiede nessuna cosa, e, per dirla tutta, non possiede assolutamente niente: semplicemente si mantiene in relazione. E la relazione è il nostro principio.

Sarete miei testimoni

Non per caso Gesù si aspetta da ogni discepolo che si faccia testimone. La tappa del cammino, che occupa senza dubbio la maggior parte delle narrazioni bibliche, è stata, più che un momento di formazione intellettuale, una scuola di amicizia e di vita. «Non vi chiamo più servi – ci dirà Gesù – perché il servo non sa quello che fa il suo padrone; ma vi ho chiamato amici, perché tutto ciò che ho udito dal Padre mio l'ho fatto conoscere a voi» (Gv 15,15).

È pertinente notare che nella Chiesa apostolica la legittimità dell'annuncio si lega direttamente alla condizione di testimone (e in questo senso anche di amico). Sono preziose le parole che costituiscono il preambolo alla Prima lettera di Giovanni: «Quello che era da principio, quello che noi abbiamo udito, quello che abbiamo veduto con i nostri occhi, quello che contemplammo e che le nostre mani toccarono del Verbo della vita – la vita infatti si manifestò, noi l'abbiamo veduta e di ciò diamo testimonianza e vi annunciamo la vita eterna, che era presso il Padre e che si manifestò a noi –, quello che abbiamo veduto e udito, noi lo annunciamo anche a voi, perché anche voi siate in comunione con noi» (1Gv 1,1-3).

Essere cristiano oggi

Il teologo Karl Rahner ha scritto che «la Chiesa è stata condotta dal Signore della storia verso una nuova epoca». Penso che nessuno rimarrà indifferente di fronte alla verità di questa affermazione, se osserviamo l'ampio movimento di ricomposizione attraverso il quale sta oggi passando il campo religioso. Non si tratta solo di drastici abbassamenti degli indicatori statistici, quando si confronta l'attualità con il quadro della fede e del suo vissuto di tempi anteriori. La questione è molto più complessa.

Forse ciò che il nostro tempo sta scoprendo, seppur fra convulsioni e incertezze, è un modo diverso di essere credente, tradotto in forme alternative nelle sue stesse necessità, ricerche e appartenenze. Non ci troviamo di fronte al crepuscolo del cristianesimo, come sostengono coloro che si affrettano a chiamare «post-cristiane» le nostre società. Chi non capisce che il radicale luogo del cristianesimo è sempre stato abitare il cambiamento stesso, non ne coglie l'essenza. Ma ci sono linee di sviluppo che mano a mano diventano sempre più chiare, tanto che è sempre più un nostro dovere enunciarle e contare su di esse.

Ne indico tre: prima di tutto i cristiani ritornano alla condizione di «piccolo gregge». Con l'evaporazione di un cristianesimo che si trasmetteva di generazione in generazione, come eredità indiscussa, all'interno di meccanismi sociali più omogenei, i cristiani tornano ad esserlo per una decisione personale, una decisione molte volte controcorrente, maturata in una forma solitaria rispetto ai circoli più immediati di appartenenza. Ormai non è in modo prevedibile che diventiamo cristiani. Ciò succede e succederà sempre più come una opzione e una sorpresa.

Poi, man mano che assistiamo a un indebolimento dell'iscrizione istituzionale delle Chiese, nell'orizzonte della società scopriamo nuovamente il valore e le possibilità di una presenza discreta in mezzo al mondo. In tante situazioni, in questa diaspora culturale in cui ci troviamo disseminati, l'unica parola verosimile è quella del testimone di una vita vissuta con semplicità e gioia seguendo i passi di Gesù.

E, in terzo luogo, questo grande cambiamento epocale ci dimostra che abbiamo bisogno di recuperare ciò che Karl Rahner chiama «santo potere del cuore». I cristiani sono chiamati a vivere l'amicizia come un ministero: «Questo vi comando: che vi amiate gli uni gli altri» (Gv 15,17). In uno dei suoi scritti, René Voillaume racconta la storia di alcune religiose delle Piccole Sorelle di Gesù che, volendo farsi amiche un gruppo di donne detenute, chiesero di poter condividere la loro sorte. Riuscirono ad ottenere dal penitenziario il permesso di vivere incarcerate nelle stesse condizioni delle altre: rispettavano lo stesso regolamento, vivevano dietro le sbarre ed erano vigilate dalle guardie. Le Piccole Sorelle volevano soltanto amare le prigioniere al punto di condividere nel modo più concreto possibile la loro condizione. Non avevano nulla da offrire se non questa presenza e questa amicizia. Ma ciò che cambiò completamente l'ambiente di quella prigione fu questo: il fatto che quelle donne si sentirono toccate dal fatto che le religiose erano là dentro solo in nome della loro amicizia, e che consideravano la loro amicizia un bene prezioso. Ciò le fece credere nel fatto che erano degne di essere amate, un'esperienza che molte di loro non avevano mai vissuto. Esiste, pertanto, una rivelazione del cristianesimo che solo la pratica dell'amicizia rende possibile. E in questo il mondo, che pure può perdersi in equivoci sui cristiani, non si sbaglia. Anche quando ci è dato soltanto un unico istante di contatto, ciò è sufficiente a lasciar trasparire un'amicizia che esiste.

X.
L'AMICIZIA SPIRITUALE

L'accento della nostra cultura è collocato così tanto sull'amore, che ci sentiamo molte volte senza risorse per pensare opportunamente le forme e il luogo dell'amicizia. Ne parliamo a monosillabi, in modo evasivo e piatto, come se non fossimo, alla fin fine, eredi di un patrimonio d'esperienza, di insegnamento e di parola plurisecolari. Come afferma Marcel Proust, diventiamo «simili a quel nobile che, avendo condiviso fin dalla sua infanzia la vita dei ladri di strada, non si ricordava più il suo nome». Abbiamo imparato a osservare con grandi lenti i confini dell'universo, ma, non di rado, abbiamo perso la capacità di guardare e comprendere ciò che ci è più prossimo. Ebbene, se c'è un motivo che il cristianesimo ha approfondito nel tempo è quello dell'amicizia, che qui intendo non solo come componente della formazione umana, ma come tratto distintivo dell'itinerario spirituale.

Cosa possiamo intendere per «amicizia spirituale»

Evagrio Pontico è stato il primo a utilizzare l'espressione «amicizia spirituale», già nel secolo IV. Formatosi con un'ampia cultura filosofica, cosa che era tipica in un monaco del suo tempo, Evagrio affermava che l'ideale greco dell'amicizia incontra il suo compimento nella pratica cristiana. Ma cosa intende per «amicizia spirituale»? «L'amicizia spirituale è la scienza di Dio, nella quale i santi ricevono il titolo di amici di Dio», scrive nel suo commento al libro dei Proverbi (n. 69). È questo il titolo che Mosè ricevette per aver parlato faccia a faccia con Dio (cfr. Es 33,11). E fu a questo titolo che Giovanni Battista fu chiamato «l'amico dello sposo» (Gv 3,29) allo stesso modo degli Apostoli (cfr. Gv 15,15). E sarà questo il titolo di tutti coloro che seguiranno la scienza di Cristo.

L'originalità di Evagrio è quella di partire non dall'amicizia umana come figura dell'amicizia divina, ma al contrario: l'amicizia che possiamo vivere con Dio, in Cristo Gesù, diventa il modello per la costruzione delle nostre amicizie umane, secondo Dio. «L'amicizia – spiega l'autore – è la virtù e la scienza di Dio, grazie alle quali diventiamo amici di Dio e delle sante potenze, perché in questa amicizia gli amici dell'uno sono amici anche dei suoi amici» (n. 120).

La sete di amicizia è una sete di verità

Sant'Agostino eserciterà, in seguito, un'influenza decisiva nella definizione di ciò che è «un'amicizia spirituale», pur non avendo propriamente scritto un trattato su questo tema. Nelle *Confessioni*, la sua autobiografia interiore, egli ci racconta soprattutto di esperienze e ricerche. Ma testimonia, con l'intensità spirituale che in lui riconosciamo, come la sete di amicizia si trasforma in una sete di verità. Per questo – dice Agostino – è necessario che ci abbandoniamo a una progressiva purificazione. Ricordando la sua esperienza personale, confessa: «Niente mi deliziava quanto amare ed essere amato. Ma non ne mantenevo la misura, da anima ad anima, il luminoso limite dell'amicizia. Come una nebbia saliva dal limo del desiderio sensuale e dagli umori della pubertà e mi oscurava, mi offuscava il cuore, fino a che il chiaro cielo dell'affetto si confondeva alla foschia dell'erotismo» (II,2.2). Agostino comincia allora a presentare passaggi tra un affetto e l'altro nell'ordine della grazia: dal cameratismo all'amicizia umana; dall'amicizia carnale all'amicizia spirituale; dalla comunità degli amici alla fraternità.

Amare ed essere amato sono facoltà tanto divine come umane, ma l'unico e vero amore è quello di Dio, perché in esso tutto ha la sua origine. La causa per la quale dobbiamo amare Dio e amarci gli uni gli altri è Dio stesso. È frequente che siano i nostri stessi sentimenti a bloccare il vissuto dell'amicizia, perché amiamo in funzione di ciò che accidentalmente ci aggrada. Ciò che Agostino di Ippona scopre si riassume nelle sue stesse parole: «così amici come allora non eravamo stati mai – un'amicizia, certo, che non era ancora quella vera, perché vera è solo quella che tu stringi fra persone unite a te dall'amore diffuso nei nostri cuori tramite lo Spirito Santo, che ci è stato dato» (IV, 4.7). Fintanto che non raggiungiamo questa verità, ci troviamo ancora in una fase che l'autore definisce «favola»: «il riso e il conversare insieme, e le reciproche affettuose cortesie, e il fascino dei libri letti insieme, gli scherzi e i nobili svaghi comuni, e il dissentire a volte, ma senza rancore, come succede con se stessi, e con questi rarissimi dissensi fare più intenso il gusto dei molti consensi, e l'insegnare e l'imparare a turno, la nostalgia impaziente per chi manca» (IV,8.13). Ma l'amicizia non può essere soltanto quest'arte da salotto e un leggiadro esercizio di buone maniere. È unendoci a Dio che vinciamo le catene e gli equivoci che, interiormente, ci rendono incapaci di spingere oltre la ricerca della verità. Facendoci più prossimi all'amico interiore, che è Dio, ne riceviamo l'amore necessario ad amare con giustezza i nostri amici. L'amicizia con Dio diventa allora la misura (smisurata) della nostra stessa amicizia. «Beato chi ama te e ha te per amico e nemici per te» (IV,9.14).

Anche se è essenziale che capiamo che questo cammino non ha nulla di etereo: è una guerra, una ferita, una piaga aperta nella nostra stessa carne. Agostino narra, per esempio, la via dolorosa rappresentata dal lutto per la perdita di un amico: «La tristezza calò buia sul cuore, e dovunque guardavo era la morte. E il mio paese divenne un patibolo, e la casa paterna m'era penosa e strana, e tutto quello che avevo condiviso con lui, senza di lui si convertiva in uno strazio enorme [...] Qualcuno ha detto bene del suo amico, che era metà dell'anima sua. Io sentivo infatti che la mia e la sua erano un'anima sola in due corpi: perciò la vita mi faceva orrore [...] No [l'anima mia] non trovava pace: non nella frescura dei boschi, negli svaghi e nei canti, non nei giardini profumati o nell'eleganza delle feste [...] neppure infine nei libri e nella poesia» (IV,4.9: 6.11; 7.12). L'itinerario dell'amicizia in sant'Agostino deve culminare in una professione di fede: «solo non perde chi gli è caro colui al quale tutti sono cari in Uno che non si perde» (IV,9.14). Perché «la Verità sei Tu» (IV,9.14).

L'AMICIZIA È UNA TEOFANIA

L'ambiente cistercense del XII° secolo potrà offrire, qui di seguito, un contributo di estrema importanza per il pensiero di una teologia dell'amicizia. Nel 1143, all'età di 33 anni, Aelredo di Rievaulx riceve da san Bernardo l'incarico di scrivere quello che sarà il primo dei suoi trattati sull'amore: *Speculum caritatis,* una apologia del radicalismo evangelico monastico, in cui emerge, sebbene a mo' di un lampo, una idealizzazione dell'amicizia come forma più alta di amore. Dovranno passare due lunghe decadi prima che Aelredo concretizzi questo suo primo accenno, dedicando all'amicizia spirituale un intero trattato con il volume *De spirituali amicitia*. L'amicizia è lì interpretata come un'esperienza affettiva fondante, indispensabile al progresso della conoscenza di Dio. Sapere se Dio è o meno conoscibile, e in che forme, costituisce una problematica centrale per i cistercensi. Bernardo di Clairvaux, per esempio, opponeva alla conoscenza di ordine razionale un'altra forma di conoscenza non immediata, più vicina all'esperienza mistica. Ed è in questo punto che Aelredo porta avanti un contributo innovatore, identificando il progresso nella conoscenza di Dio con la relazione di amicizia. L'amicizia non è semplicemente uno strumento o una meditazione fra l'uomo e Dio. L'amicizia è piuttosto il luogo stesso dell'incontro fra l'umano e il divino, il luogo in cui gli amici possono partecipare di Dio, possono immergersi nel suo mistero. L'amicizia è così percepita come un «luogo teofanico». L'amicizia ci colloca all'interno di Dio. «Basta che un essere umano diventi amico di un altro per diventare immediatamente amico di Dio» (II,14).

Una teologia impressa nell'esperienza

Ma una teologia dell'amicizia non è soltanto una teologia in più. Aelredo lo annuncia chiaramente, scegliendo la forma del dialogo per il saggio che scrive. È come se con ciò si annunciasse l'impossibilità che una teologia dell'amicizia si organizzi in modalità mono-vocale: essa è, anzi, una polifonia che si incrocia, un coro di attori diversi che mano a mano apportano esperienze, questioni, vissuti. La tensione esistenziale non solo non è smorzata, ma serve come impulso per una riflessione teologica non-astratta: essa sgorga dal concreto ed è tenuta a mantenere su di esso un'amichevole attenzione. Orbene, concreto, molte volte, è sinonimo di impresso nell'esperienza personale, sofferto.

È del resto conosciuta la relazione di amicizia che il saggio di Aelredo stabilisce con tre opere precedenti dell'ambito della letteratura classica e patristica. Il *De amicitia* di Cicerone, interlocutore privilegiato, come rivelano peraltro i continui riferimenti che Alredo fa ad esso, pur cercando di offrirne una interpretazione cristiana, e altre due opere: le *Confessiones* di Agostino e il *De officiis* di sant'Ambrogio. Il pensiero dell'amicizia si articola, ricerca prossimità, recupera cammini. Ma è doveroso nei confronti di Aelredo affermare che se la terminologia che impiega non si allontana da quella della tradizione, il senso che le attribuisce è capace di conferirle un'innegabile statuto di originalità. In effetti, una teologia dell'amicizia è il contrario di una teologia chiusa in se stessa.

Il ruolo spirituale dell'amico

Aelredo promuove un'autentica esaltazione del ruolo spirituale dell'amico, definendolo «animi custos», anima custode [custodia], e «animi consor», anima gemella. L'amicizia è una scuola di crescita spirituale. «Dove esiste una tale amicizia – scrive Aelredo – esiste certamente uno stesso volere e uno stesso non volere, tanto più dolce quanto più sincero, tanto più leggiadro quanto più santo» (I,46). Il grande bene dell'amicizia spirituale è proprio questo: incontrare la fiducia di un cuore con cui confrontare le nostre mancanze e a cui rivelare i nostri progressi. L'amico spirituale è un'immagine di Cristo; riposare fra le sue braccia significa abbandonarsi allo Spirito Santo, che è la vita che circola in Dio. Un amico diventa per noi maestro di distacco e libertà interiore: «i cuori che si amano testimoniano questo fatto con espressioni del viso, con parole, sguardi e mille piccoli niente, che funzionano come arbusti per alimentare il fuoco, là dove le anime si fondono fra di loro e si trasformano in un'unica anima. Ma se ciò che noi crediamo di dover amare nei nostri amici non ci conduce a un amare per amare, la nostra coscienza ci rimprovererà» (III,86). L'amicizia è un oblio volontario del sé: «Ciascuno deve riporre un maggior piacere nello scordarsi di se stesso in funzione dell'altro, e nel preferire la volontà dell'altro alla sua» (III,132). L'amicizia è la sapienza autentica che rispecchia continuamente il mistero della croce. L'amicizia ha bisogno di solitudine e intimità ed è un silenzioso accordo fra le anime. L'amicizia autentica è una forma di devozione: «Pregando Cristo in nome di un amico, e cercando di essere esauditi da Cristo a beneficio di un amico, ci rivolgiamo a Cristo con un maggior amore e un maggior desiderio. Senza rendercene conto, come se non fosse previsto, il sentimento dell'affetto passa dall'amico a Cristo» (III, 133). Per concludere, Aelredo esprime il valore ontologico dell'amicizia: tutti gli esseri viventi, e non soltanto gli uomini, sono naturalmente inclinati (cioè, per disposizione divina) verso l'amicizia, e non soltanto i buoni, ma anche quelli senza virtù. E come egli scrive: «l'amicizia è, al contempo, il dono più prezioso della natura e della grazia» (III,90).

Amare in Terra come si ama in Cielo

Alcuni secoli più tardi ritroviamo molti di questi aspetti trattati da Aelredo di Rievaulx nella riflessione di un altro grande cultore dell'amicizia spirituale: san Francesco di Sales. Nella sua *Introduzione alla Vita Devota,* egli comincia con il collocare l'amicizia ad un livello del tutto particolare: «amate tutti con un grande amore caritatevole, ma conservate la vostra amicizia per coloro che possono comunicare con voi cose virtuose» (cap. XIX). Questa restrizione di campo definisce la specificità della relazione che gli amici sono chiamati a vivere. Si tratta di una «parzialità». Ma di una «parzialità santa», di una «separazione necessaria», di cui Francesco di Sales così intesse l'elogio: «Oh, come è bello amare in Terra come si ama in Cielo, e imparare a volersi bene in questo mondo come faremo eternamente nell'altro! Io non parlo qui dell'amore semplice della carità, poiché esso deve essere esteso a tutti gli uomini. Parlo, sì, dell'amicizia spirituale grazie alla quale due o tre o più anime condividono la loro devozione, i loro affetti spirituali, e fra di loro diventano come un unico spirito» (cap. XIX).

Esiste tuttavia una differenza di destinatario fra Francesco di Sales e Aelredo. Mentre quest'ultimo pensava l'amicizia soprattutto a partire dalla realtà monastica, l'antico vescovo di Ginevra si rivolge ora ai laici che vivono nel mondo. Egli crede che un'amicizia spirituale ben sedimentata possa costituire un'ancora preziosa per chi voglia crescere spiritualmente anche in mezzo al mondo e alle difficoltà che gli sono proprie. Scrive in questo senso: «Quanto a coloro che si trovano fra i mondani, e che abbracciano l'autentica virtù, è necessario che si alleino gli uni con gli altri, per una santa e sacra amicizia, poiché, per mezzo di questa, si amano, si aiutano e imparano il bene» (cap. XIX). Un'amicizia spirituale non è una relazione che ha come obiettivo solo quello di parlare di Cristo e delle cose della fede. L'amicizia spirituale si svolge in una conformità di cuore rispetto a Cristo, ma abbracciando con realismo la vita, le sue esigenze, la sua diversità di tempi e di azione. L'amicizia spirituale ci rende assai presenti rispetto all'istante e alla situazione attuali, e allo stesso modo non ci rinchiude in un circolo limitato. È importante ricordare ciò che affermava un teologo contemporaneo, Karl Barth: «Il Tu che io incontro nell'amico come *alter ego* è in un certo qual modo la porta che apre all'umanità in generale».

Spirituale, ma senza ingenuità

L'amicizia spirituale è un'esperienza di autenticità necessaria e continuamente ricercata. Ciò significa che l'amicizia ha bisogno di prove, di verifiche e di criteri evangelici chiari. Purtroppo, come sappiamo, esistono tante storie di amicizia spirituale che non vanno al di là di una mera caricatura. Mi viene alla mente qualcuno che si prendeva gioco di certe situazioni cominciate come un'avvincente ed esclusiva comunione di anime e terminate poi come una confusa e banalizzata sovrapposizione di corpi. E non mancano, peraltro, esempi di trasformazione di queste supposte amicizie spirituali in inaccettabili strumentalizzazioni dell'altro, stabilendo oppressive relazioni di potere. Ebbene, maestri di spiritualità come Aelredo o Francesco di Sales, non possono in nessun caso essere accusati di ingenuità: uno era abate del suo monastero, l'altro vescovo e direttore spirituale esperto. Entrambi sapevano riconoscere le distorsioni che la vita affettiva e le sue manifestazioni possono conoscere. Il fondamento dell'amicizia è l'amore di Dio. Come scrive Aelredo, «è necessario vigilare con zelo affinché gli elementi della costruzione siano adatti a questo fondamento» (II,5).

Certamente è consigliabile una grande prudenza. Ma i rischi dell'amicizia non possono costituire un argomento sufficiente a considerarla genericamente dubbia e combatterla come se fosse un male. Se si sviluppa a partire da Cristo, l'amicizia spirituale potrà incontrare la sua solidità e il suo timbro. Le ferite o i conflitti non la annullano, ma impara da Cristo l'arte meravigliosa dell'attesa e del perdono. La distanza o il silenzio non diventano ostacoli, poiché la comunione in Cristo è viva ad ogni istante. Praticando quest'amicizia, ciascuno sentirà l'appello ad aprirsi alla comunione fraterna, in una universalità sempre più grande e che ci conduce, peraltro, alla compassione nei confronti del nemico.

XI.
AMICI, AMICI, AFFARI A PARTE?

Non c'è trattato sull'amicizia che non consigli un completo distacco in relazione all'ambizione materiale. È importante non mescolare le acque. È in questa direzione che si muove il commento ironico di Gesù alla parabola dell'amministratore infedele: «fatevi degli amici con la ricchezza disonesta, perché, quando questa verrà a mancare, essi vi accolgano nelle dimore [tabernacoli] eterne» (Lc 16,9). L'interesse per una qualche forma di profitto nell'amicizia oscura il vero bene. Essa deve essere un'esperienza radicale e gratuita. Amiamo l'amico non per ciò che possiede, o per quello che ci può dare, ma unicamente per quello che è. Lanza del Vasto racconta che in una delle prime peregrinazioni in India sentiva che tutti cercavano la sua compagnia per interesse: desideravano il suo portafoglio, o l'orologio, o la camicia... Egli si sentiva prigioniero di quella relazione predatoria. Per sfuggire a questa pressione, si inerpicò per una regione solitaria fino a trovare un lago. Felice di quella improvvisa libertà, si spogliò e si immerse nelle acque pacificatrici. Quando ne uscì, si accorse che gli avevano rubato tutto, anche i vestiti. Ma racconta anche che quando lo videro così, privato di tutto, allora lo accolsero come uno di loro, come un amico.

È certamente difficile, quanto vitale, raggiungere questo distacco anche nella relazione con Dio. Pensiamo a quella storia dell'uomo che entra nel mercato e lascia la bicicletta sulla porta. Dopo un po' di tempo si ricorda, completamente angosciato, che non ha legato la bicicletta. In quel momento si sente completamente perduto. Cosa farà senza la bicicletta? Alza gli occhi al cielo e promette: «Signore, se ritrovo la mia bicicletta correrò immediatamente al tempio per ringraziarti». In effetti ritrova la sua bicicletta all'uscita. Senza perdere tempo, si mette in cammino verso il tempio per poi pregare e piangere colmo di gratitudine. Ma, quando esce dal tempio, gli hanno rubato la bicicletta. L'amicizia è un'arte del distacco.

La farina è una cosa e l'amicizia un'altra

Sull'amicizia si narrano anche storie tristi. Una di queste storie è *L'amico devoto,* di Oscar Wilde. È il racconto dell'amicizia fra un ragazzo rispettabile, Hans, e il ricco mugnaio. Hans abitava in una povera casetta di campagna, solo, e tutti i giorni lavorava nel suo giardino. In tutta la regione non c'era giardino bello come il suo. Un fiore sostituiva subito l'altro, tanto che nel giardino c'erano sempre cose belle da vedere e odori gradevoli da inspirare. Il più devoto di tutti i suoi amici era il corpulento Hugh, il mugnaio. «In verità, così devoto era il ricco mugnaio nei confronti del piccolo Hans, che non passava mai dal suo giardino senza abbassarsi sulle aiuole per coglierne un grande mazzo, o un fascio di erbe dolci, o senza riempire le tasche di prugne e ciliegie, quando era la stagione della frutta. "I veri amici dividono tutto fra di loro" era solito dire il mugnaio, e il piccolo Hans dondolava la testa e sorrideva, sentendosi orgoglioso di avere un amico dalle idee tanto nobili. Certe volte, in verità, i vicini trovavano strano che il ricco mugnaio non desse mai niente in cambio al piccolo Hans, pur possedendo centinaia di sacchi di farina immagazzinati nel suo mulino, sette mucche da latte e un grande gregge di montoni pieni di lana. Ma Hans non si interessava mai di queste cose e nulla gli dava piacere più grande che stare ad ascoltare tutte quelle cose meravigliose che il mugnaio era solito dire circa la solidarietà fra veri amici...

Quando arrivava l'inverno e non aveva né frutta né fiori da vendere al mercato, pativa il freddo e la fame, e, spesso, se ne doveva andare a letto senza aver mangiato niente, se non qualche pera secca o qualche noce ormai dura... E, sempre in inverno, se ne rimaneva alquanto solo, poiché il mugnaio non gli faceva mai visita.

"Non è buona cosa che vada a trovare il piccolo Hans finché durano le nevi" era solito dire il mugnaio alla moglie, "perché quando le persone si trovano in difficoltà, devono essere lasciate sole e non essere disturbate dalle visite. È questa, per lo meno, la mia opinione circa l'amicizia, e sono sicuro che si tratta di un'opinione ben pensata. Perciò aspetterò che ritorni la primavera e andrò a fargli visita, in modo che mi possa offrire una grande cesta di fiori, cosa che molto lo rallegrerà".

"Sei davvero molto premuroso con gli altri", gli ripose la moglie, seduta nella sua comoda poltrona, vicino a un buon fuoco di legna di pino...

"Ma non potremmo invitare il piccolo Hans a venire qui da noi?", domandava il figlio più piccolo del mugnaio. “Se il povero Hans si trova in difficoltà, potrei dargli metà della mia minestra e potrei fargli vedere i miei conigli bianchi”.

“Che bambino patetico che sei!” gridò il mugnaio. “In verità non capisco a cosa serve mandarti a scuola. Sembra che tu non impari niente. Vedi, se il piccolo Hans venisse qui da noi e vedesse il nostro fuoco che arde, la nostra buona cena e la botte di vino rosso, potrebbe provare invidia e l’invidia è una cosa terribile che fa crollare i più forti caratteri. Non posso permettere, in nessun modo, che il carattere di Hans sia pregiudicato. Sono il suo migliore amico e lo sosterrò sempre e farò la più grande attenzione a non esporlo a nessuna tentazione. Del resto, se Hans venisse qui da noi potrebbe chiedermi che gli dessi a credito un po’ di farina, e questo non posso assolutamente farlo. La farina è una cosa e l’amicizia un’altra e non devono essere confuse” ».

Una storia di questo tipo potrebbe avere solo un finale molto triste, che non racconterò, sfidando il lettore a cercarlo da solo. Ma non dimentichiamocelo: l’immagine più poderosa della vita è una ruota fraterna, ed è in essa che tutti noi ci troviamo, stringendoci l’uno all’altro con le nostre mani. L’inclusione in questa catena rappresenta non solo un valore, ma la condizione necessaria. Le mani sembrano quasi fiorire quando si aprono. Le braccia, quando partono verso un abbraccio, è come se si allungassero. Il pane si moltiplica, se accetta di essere spezzato. La vera grammatica della vita è la condivisione.

Possiamo contare soltanto sul guadagno del fornaio?

Uno degli autori classici dell'economia moderna, Adam Smith, riassumeva in questa forma pragmatica il funzionamento del sistema economico: dobbiamo il nostro pane fresco quotidiano non certo all'altruismo del fornaio, ma a quel che ci guadagna. È grazie all'ambizione del guadagno che i beni di cui abbiamo bisogno arrivano fino agli scaffali dei supermercati. E si tratta del resto di un dato comunemente accettato. Ma la questione che oggi si pone con sempre maggior urgenza è di altra natura. Certamente non perde validità la giusta aspettativa che l'attività lavorativa produca un lucro, ma ciò che si presenta alle nostre società è la questione della loro capacità di risolvere, anche se in un modo non completamente perfetto, gli squilibri che esse generano e che minacciano la loro stessa conservazione. Orbene, questo processo di ridefinizione e maturazione del sistema non sembra che possa essere unicamente dipendente da ciò che Adam Smith denominò «il guadagno del fornaio». La difficile situazione attuale ci mostra, senza margine d'esitazione, che è diventato urgente e vitale introdurre alternative di fondo in un campo che è certo economico e finanziario, ma anche umano e civile.

Cosa ha fatto di te il tuo denaro?

Il nostro Occidente ha stabilito una barriera così impermeabile fra lo spirituale e il materiale che ha reso quasi ottuso, in linea di principio, qualsiasi dialogo fra la spiritualità e la produzione e circolazione di ricchezza. Senza parlare del funzionamento dell'economia e delle forme diverse di capitalismo. Sono campi completamente separati. O, se mai, il denaro ha finito per occupare oggigiorno il posto del sacro. Perciò è molto pertinente la provocazione profetica lanciata dal filosofo Jacques Ellul: «è necessario profanare il denaro», nel senso di restituirlo alla sua funzione di strumento materiale di scambio, svestendolo della sacralità simbolica con cui è trattato.

La lettura della Bibbia può essere istruttiva anche in questo senso. Nel Vecchio Testamento, per esempio, troviamo un apprezzamento fondamentalmente positivo circa i beni e le proprietà. Ma la differenza fra ricchi e poveri è sempre vista come uno scandalo intollerabile. Tutta la legislazione sociale che riempie il libro del Deuteronomio non punta a promuovere il rammendo dell'elemosina, ma anzi esige (e con audacia) che siano assicurati i diritti dei poveri. Cosa che si istituzionalizza nella cosiddetta «Legge dell'Alleanza», un autentico patto sociale, che passa per misure sorprendentemente concrete come il condono dei debiti o una ridistribuzione periodica dei beni come mezzo per frenare i ciclici fenomeni di impoverimento dei gruppi sociali più fragili.

A volte si sente ripetere frettolosamente la sentenza «Date a Cesare quel che è di Cesare e a Dio quel che è di Dio» (Mt 22,21), come se fosse una certificazione del fatto che Gesù ha volto le spalle al denaro. Ma il Vangelo non racconta questo. L'episodio in casa di Zaccheo, il ricco esattore delle tasse, ci dimostra, anzi, che ciò che succede è semmai un cambiamento di ruoli. Il denaro smette di essere accumulato e usato in funzione del proprio per diventare strumento riparatore dell'ingiustizia e antidoto contro la povertà. Come spiega il teologo Daniel Marguerat, l'appello di Gesù si spinge molto oltre, poiché egli non domanda soltanto «cosa fai tu con il tuo denaro?», ma ci colloca di fronte a questa ineludibile questione: «cosa ha fatto di te il tuo denaro?».

Nella sua enciclica *Caritas in Veritate*, papa Benedetto XVI ci sfida ad applicare anche all'economia la logica della gratuità e del dono: «La gratuità è presente nella sua vita in molteplici forme, spesso non riconosciute a causa di una visione solo produttivistica e utilitaristica dell'esistenza. L'essere umano è fatto per il dono, che ne esprime ed attua la dimensione di trascendenza [...] Lo sviluppo economico, sociale e politico ha bisogno, se vuole essere autenticamente umano, di fare spazio al *principio di gratuità* come espressione di fraternità» (n. 34).

XII.
L'ELOGIO DEL GRATUITO

Ho letto una volta, e non me ne sono più scordato, un testo della scrittrice brasiliana Clarice Lispector, sull'imprevisto che salva la vita: Clarice lo definisce, con precisione, l'«atto gratuito». Forse dobbiamo cominciare con lo spiegare cosa un «atto gratuito» non è. Esso non costituisce un'ulteriore tappa della affannante lotta per la vita che giorno per giorno ci paralizza sempre più. Esso non è la necessaria corsa al lavoro, ai beni, al consumo, agli orari implacabili, ai trasporti che non dormono. E neanche lo possiamo identificare con quei piccoli piaceri che ci offriamo, l'ozio, i viaggi programmati, le ricompense per questo o quello. L'«atto gratuito» non ha prezzo: per definizione non si compra né si paga.

È sempre una sete di libertà che ci spinge al gratuito. E non una libertà relativa a questo o quello. Direi piuttosto: si tratta di una pura libertà di essere, di sentirsi vivi; un'espansione dell'anima, non condizionata dall'avarizia delle convenzioni; un'urgenza non di doni, ma di dono. Oggi, per esempio, un'amica mi ha cercato affinché le suggerissi un impegno di volontariato. Ed ella non ha neanche molto tempo, impegnata in un lavoro assorbente e complesso, con i figli in un'età in cui dipendono ancora molto da lei.

«Probabilmente non posso disporre che di due ore, ogni quindici giorni» mi ha detto. E io sorridendo le ho risposto: «Due ore possono essere un'immensità». In verità, non è il tempo ciò che più conta. L'importante è lasciare che si formuli dentro di noi e che si esprima liberamente l'«atto gratuito».

Il servizio agli altri è un eccellente esempio del gratuito. Ma pure in relazione a noi stessi esso deve esistere. Nel testo di Clarice Lispector, ella racconta: «Erano le due di un pomeriggio d'estate. Interruppi il mio lavoro, cambiai rapidamente d'abito, scesi, presi un taxi che passava e dissi al conducente: "andiamo al Giardino Botanico". "In quale via?", domandò. "Lei non sta capendo", spiegai, "non voglio andare al quartiere del Giardino Botanico, ma proprio al Giardino Botanico". Non so perché, ma mi guardò un istante con attenzione.

Lasciai aperti i finestrini dell'automobile, che andava molto veloce, e avevo già cominciato la mia libertà lasciando che un vento fortissimo mi spettinasse i capelli e mi battesse sul viso grato di felicità. Andavo al Giardino Botanico, ma perché? Solo per guardare. Solo per vedere. Solo per sentire. Solo per vivere».

Credete alla vita prima della morte?

Una volta ho visto una scritta su un muro, una domanda: «Credete nella vita prima della morte?». Per me fu un colpo. È ovvio che l'orizzonte è infinitamente allargato se crediamo che esiste vita dopo la morte. Ma, se per un qualche motivo, desisto dal confidare nel fatto che esiste vita (ossia, possibilità di vita autentica) prima della mia morte, tutto si fa strano, scuro e perso.

L'«atto gratuito» è un gesto che ci salva. Lo sappiamo molto bene in relazione al vissuto dell'amicizia. Il gratuito ci sottrae alla dittatura delle finalità che finiscono per condurci lontano dal vivere autentico. La gratuità è un vivere immersi nell'essere. Essa ci dà accesso alla polifonia della vita, nella sua varietà, nei suoi contrasti, nella sua realtà densa, nella sua interezza.

Gesù è il Maestro del gratuito! Quando leggiamo i Vangeli a partire da questa chiave, scopriamo un filo logico continuo nelle parole di Gesù. Egli riconduceva ognuno a fare dell'ostacolo un'opportunità per l'incontro: e, in fondo, per una apertura fondamentale a una vita in cui si condivide lo stesso essere. Molte volte la nostra preghiera sorge ancora come uno spazio utile e non come il luogo dell'amicizia gratuita e essenziale, in cui anima e corpo respirano.

Spazio per l'autenticità

Ammiro, ammiro molto il fatto che la prima parola di Gesù nel Vangelo di Giovanni sia una domanda (e che sia quella domanda): «Che cosa cercate?» (Gv 1,38). Mi consola percepire poco a poco che ciò che sostiene l'architettura degli incontri e degli incontri mancati che i Vangeli raccontano è una specie di coreografia di domande, un intenso traffico interrogativo, costruito la maggior parte delle volte a tastoni, senza sapere molto, con molti dubbi, al lato di molti balzi, molta incapacità persino di comunicare. Ciò è un'àncora, sebbene ci costi ammetterlo, poiché una vita che si basa solo su risposte è una vita diminuita, come fosse una primavera che non si è mai manifestata. Non so come fiorirà in noi la primavera, come si accenderà questo rifiorire che la natura insinua, questo rinascere che il gesto pasquale di Gesù meravigliosamente (ri)suscita nella nostra umanità. So soltanto che nelle domande, anche in quelle che sono difficili e ci danno i brividi, rincontriamo la vita esposta e aperta, certamente più fragile, ma l'unica che ci permette di toccare i margini di un'esistenza autentica.

Tutti siamo abitati da domande ed esse sono la cartografia di zone silenziose, di territori di frontiera del nostro essere. In questi giorni ho rincontrato la domanda di Pilato (sempre nel Vangelo di Giovanni): «Che cos'è la verità?» (Gv 18,38). E ho sorpreso me stesso ad accostare questa domanda a una delle frasi emblematiche di Gesù: «Io sono la Via, la Verità e la Vita» (Gv 14,6). Senza voler relativizzare la natura densamente dogmatica dell'enunciato, mi sono sorpreso, tuttavia, a rivisitarlo in chiave esistenziale. Ed era come se Gesù, maestro di vita che incessantemente si riformula in noi, ci sfidasse ad un appropriamento. È necessario che, di fronte alla moltitudine delle vie percorse, e ancora da percorrere, ciascuno di noi dica: «io sono la via che percorro». È decisivo che le verità che esprimiamo non siano una sovrapposizione, ma espressione profonda di ciò che siamo: «io sono la verità». È urgente che la vita non sia soltanto l'accumulazione del tempo e del suo cavalcare sonnambulo, ma che ciascuno, per lo meno una volta, possa dire pienamente «io sono la vita». Non è forse questo l'impatto profondo dell'amicizia che Gesù stabilisce con noi?

XIII.
AMARE L'IMPERFEZIONE

Ho sentito molte volte il poeta Tonino Guerra citare il verso di un monaco medievale: «È necessario andare oltre la banale perfezione». E, nell'amicizia, è proprio con questo che dobbiamo confrontarci: la perfezione può essere un cammino che percorriamo in superficie o semplicemente il costruire un'illusione che ci impedisce di accedere al reale e all'autentico. Ci mettiamo così tanto a perdere quella mania delle cose perfette, delle persone perfette, e a curarci da quell'impulso che ci esilia nell'apparente conforto delle idealizzazioni, o a finire per vincere il vizio di sovrapporre alla realtà un corteo di confortevoli (ma false) immagini! «È necessario andare oltre la banale perfezione».

La perfezione ci colloca di fronte alla realtà come se si trattasse di un fatto compiuto: se ci mettiamo a rimestare, ad intervenire, a ritoccare o ad alterare, percepiamo tutto questo come una perturbazione. Questa perfezione è statica. Esiste solo per essere ammirata... a distanza. Un'amicizia costruita su questa base viene divorata da una tensione narcisistica: scegliamo «gli amici» in base alla loro importanza, statuto, apparenza. Facciamo dell'amicizia una ricerca dell'applauso. Penso a quel passaggio del *Piccolo*

Principe di Saint-Exupéry in cui il protagonista visita il pianeta di un vanitoso:

« "È vero che mi ammiri molto?" chiese il vanitoso al piccolo principe.

"Cosa vuol dire ammirare?".

"Ammirare significa riconoscere che io sono l'uomo più bello, vestito meglio, più ricco e più intelligente del pianeta".

"Ma sei l'unica persona del tuo pianeta!".

"Non importa! Dammi questo piacere: ammirami!".

"Ti sto ammirando" disse il piccolo principe, facendo spallucce. "Ma che importanza può avere?" ».

Abbracciare l'imperfezione è accettare l'amicizia come una storia ancora aperta, che conta attivamente su di noi. Nell'imperfezione è sempre possibile cominciare e ricominciare. L'imperfezione ci permette di comprendere la singolarità, la diversità, il reale impatto del passaggio del tempo su ciascuno di noi. È una verità che le nostre fragilità ci fanno vedere anche le nostre singolarità. Ed è l'impatto, in noi, della fragilità, che mette in mostra la nostra realtà più profonda, mostra la vita di Dio e le sue vestigia. In questo senso, l'imperfezione ci umanizza. Accoglierla è una condizione necessaria nell'amicizia e nella maturazione personale che ci spetta compiere. La cosa più urgente è apprendere a seminare, in un lavoro di fiducia, di distacco e semplicità sempre più grandi. Mi piace molto questa poesia di Adília Lopes:

«Se ami a causa della bellezza, allora non amarmi!
Ama il Sole che ha capelli dorati!
Se ami a causa della gioventù, allora non amarmi!

Ama la primavera che tutti gli anni è giovane!
Se ami a causa dei tesori, allora non amarmi!
Ama la Donna del Mare:
possiede molte perle bianche!
Se ami a causa dell'intelligenza, allora non amarmi!
Ama Isaac Newton: egli ha scritto i
Principi Matematici della Filosofia Naturale!
Ma se ami a causa dell'amore allora, sì, amami!
Amami sempre: per sempre ti amo! ».

Amore e verità si sono incontrati

Nel primo grande incontro con Gesù, Pietro gli dice: « Signore, allontanati da me perché sono un peccatore » (Lc 5,8). Tutti siamo feriti, opachi, non finiti. Ciascuno di noi porta dentro di sé una quantità irragionevole di sogni soffocati, di punti sbagliati, di parole che non siamo riusciti a dire, di una violenza interiore, più diffusa o concentrata. Anche la nostra felicità è mescolata con le memorie di infelicità che ancora ci bruciano, anche se le mettiamo a tacere. Siamo più veri, però, se ne prendiamo coscienza e quando ne facciamo una condivisione dell'amicizia. I meccanismi di autodifesa e di colpevolizzazione non fanno altro che isolarci ulteriormente. E la santità, spiegherà Gesù a Pietro, non è fatta di impeccabilità, ma è quel movimento profondo che in noi ci fa dirigere verso un altro, per il Tutto-Altro, e ci lascia attraversare da un'esperienza di riconoscimento e misericordia, come nella penombra della cattedrale la vetrata che si lascia attraversare dalla luce. La nostra richiesta deve, pertanto, essere questa: « Avvicinati a me, perché sono un uomo che pecca», osando questa forma necessaria e rara di audacia che è l'umiltà. Meravigliosa immagine è quella del Salmo 84[85]: «Amore e verità s'incontreranno [si sono incontrati], giustizia e pace si baceranno [si sono baciati]» (v. 11).

La nostra umanità è narrativa di Dio

Una delle esperienze umane e spirituali più liberatorie è quando riusciamo a trovare la forza di ringraziare Dio: «Io ti rendo grazie: hai fatto di me una meraviglia stupenda» (Sal 138[139],14). In effetti, la nostra umanità è narrativa di Dio: il nostro volto racconta come è il suo; le nostre mani fanno scorgere le sue; Egli parla attraverso le nostre parole e respira meglio mano a mano che i nostri gesti diventano più ampi; i nostri silenzi e il nostro riso sono mappe molto vicine per chi vuole arrivare a Lui. La nostra fragilità ci fa vedere la forza della sua compassione. Le assenze in cui ci perdiamo, permettono che la sua amicizia si riveli ancor di più. Come qualsiasi madre o padre, Egli non desidera che il figlio sia più alto o basso, più biondo o bruno. Egli vuole solo che i suoi figli siano quello che sono e in modo pieno. Niente esiste in noi che gli sia sconosciuto o indifferente: interruzioni e nuovi inizi, frustrazioni e sfide, turbolenze o tempi di pace. Egli arriva ad ogni ora, senza mai partire davvero. Egli entra quando gli apriamo la porta, ma è sempre presente. Egli è qui ed è oltre. Si trova abbracciato a noi e sempre ci attende per un abbraccio senza fine.

XIV.
IL PICCOLO VANGELO DELLA GIOIA

Riprendiamo la gioia. A metà di questo percorso che è la vita, interroghiamoci sulla nostra gioia, cerchiamo le sue segrete fonti. All'inizio del Vangelo di san Luca, c'è un ritornello che è annunciato, con ogni evidenza, dagli angeli del cielo. Questo ritornello costituisce una specie di piccolo Vangelo, trasparente e assoluto, come quello che discende dal cielo; ed è anche, in un certo qual modo, il riassunto del grande Vangelo. Esso è pronunciato dagli angeli che dicono ai pastori: «Vi annuncio una grande gioia, che sarà di tutto il popolo» (Lc 2,10). Nella sua essenza ogni annuncio cristiano è questo: esperienza di una gioia che vuole essere di tutti: «Vi annuncio una grande gioia, che sarà di tutto il popolo». La gioia ci mette perciò al centro dell'essenziale del mistero cristiano. È come se il nostro percorso di fede rimanesse incompleto, se non ci immergessimo fino in fondo, in modo vibrante, in questo Vangelo della Gioia.

La Gioia che ci fa fremere

Ma cos'è la Gioia? La Gioia non si riduce a una forma di benessere o ad un *confort* emozionale, sebbene si possa tradurre anche in questa maniera. La Gioia è, fondamentalmente, un'espressione profonda dell'essere: in bontà, in verità, in bellezza; un'espressione dell'essere in pienezza. È interessante il modo con cui san Luca descrive la Gioia in Gesù. Essa viene descritta come «fremito». Sembra una forma magnifica ed esatta di spiegarla, poiché essa è questo: puro fremito, espressione della totalità del soggetto, enunciazione dell'anima. Gesù freme di Gioia, per l'azione dello Spirito Santo, e dice: «Ti rendo lode, o Padre, Signore del cielo e della terra, perché hai nascosto queste cose ai sapienti e ai dotti e le hai rivelate ai piccoli» (Lc 10,21).

Fremiamo, attraversati dalla leggerezza della Gioia in noi. E Gesù freme, anche lui, in questo modo, rendendo grazie al Padre. Come lo stelo di un fiore freme al soffio della brezza, come esso freme cullato dalla luce, così anche noi siamo chiamati a questo fremito della vita, silenzioso e sorprendente.

Cosa ne abbiamo fatto del Vangelo della Gioia?

La Gioia è espressione personalissima e profonda. Non esistono due gioie uguali, così come non esistono due lacrime o due pianti identici. La Gioia è una grammatica singolare. Da un lato, possiede un'espressione fisica, ma, dall'altro, conserva una natura evidentemente spirituale. La Gioia, se vogliamo, è una provocazione dello Spirito che ci avvicina al miracolo. Di quel miracolo che nella bocca di Gesù si traduce in questo modo: «Ti rendo lode, o Padre». Il miracolo è riconoscere che il Padre si trova all'origine dell'enigma che siamo e che ciò si traduce in lode, canto, fortuna, riso, entusiasmo condiviso. La Gioia è una rivelazione della vita profonda. Significa aprire una porta, un cammino, un corridoio per il passaggio dello Spirito. In questo senso, la Gioia che è l'intima condizione degli amici è anche uno stile da assumere. Siamo chiamati a vivere nella Gioia.

Tuttavia, nell'ambiente teologico e ecclesiastico, la Gioia si è trasformata in un motivo trattato con una certa parsimonia. Parliamo poco del Vangelo della Gioia e, fra tutto ciò che accettiamo come dovere, come compito, raramente la troviamo. Il dovere della Gioia, essere quotidianamente ipotecati alla Gioia, inviati in nome della Gioia, non ci viene raccomandato tante volte come dovrebbe. Le nostre liturgie, prediche, catechesi e pastorali la abbordano quasi con pudore. E fra i passaggi biblici che immediatamente ci vengono alla mente, probabilmente non sono quelli che si riferiscono alla Gioia che più spesso sorgono nel nostro spirito. Questo per dire che, nelle tradizioni e pratiche spirituali, la Gioia è diventata un topico grosso modo marginale, una specie di sotto-tema e, a volte, quasi una sorta di divieto. Nietzsche diceva che il cristianesimo sarebbe stato più credibile se i cristiani fossero sembrati più gioiosi. E in effetti, l'immagine pubblica del cristianesimo sembra piuttosto indirizzata all'esigenza, alla severità, talvolta anche all'intransigenza riguardo agli aspetti morali, anziché alla semplicità del Vangelo della Gioia. Cosa ne abbiamo fatto del Vangelo della Gioia?

Facciamo un passo indietro fino all'anno 1975. Fu un Anno Santo, e l'Esortazione apostolica di questo Anno Santo, firmata da papa Paolo VI, cominciava con queste parole: «Gaudete in Domino» (Siate Lieti nel Signore). Sono parole che troviamo nella Lettera di san Paolo ai Filippesi, 4,4: «Siate sempre lieti nel Signore, ve lo ripeto: siate lieti». È interessante il quadro che papa Paolo VI traccia all'inizio di questa Esortazione apostolica. Dice Paolo VI: «Queste difficoltà di raggiungere la gioia ci sembrano particolarmente acute oggi. È il motivo del nostro messaggio. La società tecnologica ha potuto moltiplicare le occasioni di piacere, ma essa difficilmente riesce a procurare la gioia. Perché la gioia viene d'altrove. È spirituale. Il denaro, le comodità, l'igiene, la sicurezza materiale spesso non mancano; e tuttavia la noia, la malinconia, la tristezza rimangono sfortunatamente la porzione di molti. Ciò giunge talvolta fino all'angoscia e alla disperazione, che l'apparente spensieratezza, la frenesia di felicità presente e i paradisi artificiali non riescono a far scomparire». In fondo la nostra cultura vive senza incontrare la gioia. Percorriamo cammini che, da un lato, gridano la nostra ansia di gioia, ma dall'altro anche la nostra incapacità di immergerci fino in fondo nella gioia, nella gioia autentica. Ma di fronte a questo scenario di non-incontro, papa Paolo VI non desiste, e conclude: «Questa situazione non può tuttavia impedirci di parlare della gioia, di sperare la gioia». In verità, la diagnosi che facciamo rispetto al mondo che ci circonda non può mettere a tacere il Vangelo della Gioia.

Noi ci definiamo come *homo faber*, l'uomo artigiano, il fabbricante, colui che si realizza nell'azione stessa. E allontaniamo dalla nostra vita l'orizzonte dell'*homo festivus*, cioè di colui che è capace di celebrare, e che conduce la creazione alla sua pienezza. In fondo è quello che vediamo nel libro della Genesi, nel poema di apertura. Dio comincia l'opera della creazione e la svolge durante sei giorni, e nel settimo giorno riposa. Bene: il riposo non è un'appendice o una conclusione circostanziale della creazione. Il riposo, lo *Shabbat*, è il momento della Gioia e della contemplazione; è il momento dell'innamoramento e del piacere; è il momento del giubilo! In effetti, l'azione stessa sarebbe incompleta se fosse puro attivismo, ripetuto fare. Fortunati quelli che vivono una storia e la possono raccontare. Fortunati coloro che collocano fiori in un vaso e poi si fermano estasiati. La cosa peggiore che ci possa succedere è avere una vita in cui facciamo e facciamo cose, peraltro buone e necessarie, ma in cui si è persa la capacità della meraviglia, della contemplazione, della delizia. Questi sono i cammini che permettono allo sguardo di toccare il senso, palpare la pienezza. La Gioia non giunge quando interrompiamo la vita: la Gioia nasce quando afferriamo uno dei suoi fili, sia quale sia, e siamo capaci di portarlo fedelmente fino alla sua pienezza. E la sua pienezza è sempre questo momento culminante.

Dio crea «e vide che era cosa buona», o, come recita la traduzione greca dei Settanta: «E vide che era bello». Dio non si limita a creare, Dio crea e capisce che la creazione sarebbe incompleta senza la

Gioia, senza il piacere di sentire che la cosa a cui abbiamo collaborato, con cui abbiamo cospirato, di cui siamo stati creatori e testimoni, esige questo momento estasiato, questo momento di pura gratuità in cui osserviamo il frammento nel tutto; osserviamo la particella nella totalità; iscriviamo il tempo nell'eternità. E non separiamo, non dividiamo. Capiamo che una parola è importante tanto quanto un libro. Un'ora nel giardino può essere importante tanto quanto un'ora di adorazione. Perché? Perché abbiamo la capacità di condurci e di farci condurre verso questo momento culminante.

Diceva Kierkegaard: «L'angoscia è la nostra malattia mortale». L'angoscia è il veleno che ci corrode. L'angoscia è quella paura che ci paralizza, quell'insicurezza che ci deprime, che non ci lascia essere, che non permette alla nostra anima di espandersi nella sua pace, nella sua originalità. L'angoscia è malattia mortale. La Gioia è la salute dell'anima. Perciò recita il proverbio: «Un Santo triste è un triste Santo». La Gioia è un termometro vitale. E se siamo continuamente indisposti, gravi, pieni di lamentele, parlando più di ciò che ci pesa che ci ciò che ci esalta, allora abbiamo bisogno di conquistare una rivitalizzazione interiore. Perché si impara anche la Gioia.

Il dolore scava in ciò che la Gioia viene poi a colmare

Quando parliamo della Gioia tutti sappiamo che essa è una sorta di sinfonia incompleta. C'è una poesia di Khalil Gibran, contenuta nel libro *Il Profeta*, in cui Gioia e tristezza si osservano a vicenda:

«Quando siete gioiosi scrutate il fondo del vostro cuore e vedrete che quello che vi dà la gioia non è altro che ciò che vi ha dato la tristezza. Quando siete tristi scrutate di nuovo il vostro cuore e vedrete che in verità state piangendo a causa di ciò che poco prima vi ha incantato. Alcuni dicono, la gioia è più grande della tristezza, altri ribattono che no, è la tristezza ad essere più grande. Ma io vi dico: sono inseparabili, vivono congiunte...». La Gioia la sentiamo così, come se fosse una bilancia il cui salire e il cui scendere non possiamo evitare. In tal senso la Gioia è questo dono fragile. Questo dono che in molti casi presenta, rispetto al dolore e alla sofferenza, una connaturalità. Come ci insegna la poesia di Gibran, non è saggio creare delle opposizioni, perché il liuto, che è stato costruito con l'intaglio della lama, libera poi una musica incredibile. Spesso il dolore scava in noi profondità che la Gioia viene poi a colmare. In questo senso, la Gioia è figlia della speranza, è il frutto della speranza.

Il pessimismo è più facile

La tradizione occidentale non lascia margine di dubbio, rispetto al legame che instaura fra sapienza e pessimismo. Basterebbe uno di quegli indimenticabili ritratti di Rembrandt per dirci tutto: saggio è colui che si siede nella penombra, osservando con ponderata distanza le illusioni di trasparenza. Una cosa che non si può dire che sia propriamente cambiata. Si osservi come il taciturno sia considerato un saggio molto più spesso dell'uomo gioioso. E uno spirito torturato e reticente strappa un maggior consenso e una maggiore stima di tutti coloro che si sforzano per mantenere attiva la speranza.

Esiste, in effetti, un errore di valutazione che ci porta a considerare la giovialità del gioioso come se fosse una caratteristica spontanea del carattere, che non deve nulla al cammino e alla maturazione spirituale. Tuttavia, ciò che in verità noi sperimentiamo è il contrario, visto che il pessimismo è, in molte circostanze, la risposta più facile alla pressione del tempo. Certamente il pessimismo svolge una sua funzione purificatrice nei confronti delle nostre derive, ma un mondo condotto solo da pessimisti probabilmente non ci porterebbe neanche a levare l'ancora per salpare dal porto. E la Gioia, del resto, non ci fa disconoscere le ragioni dei pessimisti, ma piuttosto ci spinge a integrare tutta la realtà umana in un progetto più vasto e paziente, in cui gli ostacoli possono costituire delle opportunità.

L'amicizia è una fonte di Gioia

«Ma chi è che ti cammina accanto?». Ogni volta che torno a incontrarmi con questa domanda, postami da un verso di T.S. Eliot, penso quasi sempre agli amici. Un amico, per definizione, è qualcuno che ci cammina accanto, anche se da noi lo separano migliaia di chilometri o decine di anni. La distanza, ciò che è «lontano», sono concetti del tutto relativizzati dalla pratica dell'amicizia. E così anche il silenzio e la parola. Un amico riunisce condizioni apparentemente paradossali come queste: egli è allo stesso tempo la persona a cui possiamo raccontare tutto, e quella accanto alla quale possiamo mantenerci in silenzio a lungo senza, per questo fatto, provare nessuna costrizione. Certamente abbiamo amici di entrambi i tipi. Con alcuni, la nostra amicizia si solidifica con la capacità di far circolare il racconto della vita, la condivisione delle piccole storie, il nominare, verbalmente, la luce che ci illumina. Con altri, l'amicizia è fondamentalmente una grande disponibilità all'ascolto, come se quello che diciamo fosse sempre e soltanto la punta visibile di un mondo meraviglioso e interiore, nascosto, che non saranno le parole ad esprimere.

Ciò di cui un'amicizia vive, anche questo ci fa riflettere. È impressionante constatare come essa accende in noi grati segni, ed estremamente profondi, con una sconcertante semplicità di mezzi: un incontro degli sguardi (ma che sentiamo come un saluto scambiato fra le nostre anime), una qualità dell'ascolto, la condivisione, breve o prolungata, di una tavola o di una conversazione, un coinvolgerci insieme in un progetto, un'ingenua e profonda Gioia... Un amico è qualcuno capace di guardare, non fosse altro che per un solo secondo, il sorriso, sveglio o dormiente, che ciascuno di noi porta con sé nel fondo della sua anima. Un amico è un pastore e un maestro del nostro sorriso. Il poeta Patrice De La Tour du Pin scrive: «Cominciate con il conquistare della gioia, / andrete due a due / per proteggervi dal male, / nelle foreste, sui fiumi, / lungo tutti i cammini aperti nella solitudine della luce, / dovrete cercare la gioia».

Come cercano questa Gioia, gli amici? E di cosa essi si fanno testimoni per il nostro cuore? Riflettiamo su tre tappe.

1. Saperci promessi alla Gioia

Un amico è colui che ci ricorda, molte volte, che siamo promessi alla Gioia. Dice Gesù, nel Vangelo di san Giovanni: «Vi ho detto queste cose perché [voglio che] la mia gioia sia in voi e la vostra gioia sia piena» (Gv 15,11). E: «Nessuno potrà togliervi la vostra gioia» (Gv 16,22). Esiste una Gioia che niente e nessuno ci potrà mai togliere, e che costituisce l'orizzonte della nostra vita.

Quando osserviamo ciò che siamo e viviamo, quando puntiamo lo sguardo verso la fine del cammino che stiamo percorrendo, è importante sentire che è verso la Gioia che siamo chiamati. È verso il circolo degli eletti che ci stiamo muovendo. E, proprio per questo, dislochiamo infaticabili il nostro cuore dal peso dell'ombra verso la lievità della luce, verso la lievità della Gioia. In verità siamo attraversati, siamo condotti, portati per mano da una promessa, e questa promessa è la Gioia. Non sappiamo bene cosa sia. Per il momento la nostra Gioia è parziale, provvisoria; è ancora la Gioia di questo preciso momento, di questo istante... Ma la Gioia che ci è promessa è una Gioia completa.

L'amicizia è questo sguardo condiviso che dice alla vita che è promessa alla Gioia. «Ah, ma io mi sento così appesantito»; «ah, ma io mi sento trafitto dal dolore»; «ah, ma io mi sento condannato, ho già condannato me stesso, mi sento senza possibilità di salvezza, senza possibilità di riscatto»; «ah, ma io mi trovo in un vicolo cieco»...

Qualsiasi sia la nostra situazione presente, dobbiamo sentirci promessi alla Gioia. La Gioia è la promessa. Come dice Bonhoeffer: «Dio non realizza tutti i nostri desideri, ma è fedele a tutte le sue promesse».

2. La Gioia è una forma di ospitalità

Un elemento che caratterizza la Gioia è il fatto che essa non ci appartiene. È qualcosa di molto personale, che è completamente nostro, che si identifica con noi, ma non ci appartiene. La Gioia non ci appartiene. La Gioia ci attraversa. La Gioia è sempre un dono. La Gioia nasce dall'accoglienza. La Gioia nasce quando accettiamo di costruire la nostra vita in una cultura dell'ospitalità. Se insonorizziamo il nostro spazio vitale, se impermeabilizziamo la nostra attenzione, la Gioia non ci visiterà. La Gioia è un dono dell'amicizia accolta.

La Gioia non è programmata. Non possiamo dire, per esempio, che nel giro di un minuto ci metteremo a ridere. Non sappiamo quando ci metteremo a ridere. La Gioia è un dono che ci visita nella sorpresa, nel non annunciato. E in questo senso dobbiamo vivere nell'ospitalità. Il nostro cuore è una soglia, una porta socchiusa. La nostra vita vive di una accoglienza amichevole. Dobbiamo acquisire una possibilità, lasciarci toccare, lasciarci connettere dal flusso riparatore della vita. In un film di Ingmar Bergman un personaggio è una ragazza anoressica – e sappiamo come l'anoressia sia una forma di desistenza nei confronti della vita stessa, una desistenza rispetto all'investimento nell'affettività –. La ragazza si confronta con un medico che le dice una cosa che è valida anche per tutti noi: «Stai a sentire, c'è un unico rimedio per te, vedo un unico cammino: lasciati toccare, ogni giorno, da qualcuno o da qualcosa». La Gioia è questa ospitalità.

I giorni senza Gioia sono completamente senza memoria. Arriviamo alla fine della giornata senza ricordare un unico gesto, un'unica frase, un unico incontro, un'unica azione, e non abbiamo niente da raccontare. Abbiamo dovuto vedere e stare ad ascoltare molte cose, abbiamo dovuto starcene fra parecchie persone, ma non abbiamo voluto niente da queste cose e da queste persone; non ho permesso che esistesse un transito, un ritorno; non ho aperto il mio cuore... Dobbiamo trasformare la nostra vita, nel senso dell'ospitalità. È questo che l'amicizia ci insegna.

3. Solo un cuore semplice è capace di Gioia

Non c'è Gioia senza innocenza. Ma innocenza nel senso indicato dalla scrittrice Cristina Campo: «Noi non nasciamo innocenti. Ma possiamo morire innocenti». L'innocenza dell'infanzia spirituale è quell'innocenza con la quale e per la quale possiamo morire; l'innocenza di un cuore semplice; della gratuità; della fiducia.

Se non possediamo un cuore di bambino non siamo gli eredi del Regno di Dio. Ovvero, non siamo eredi del regno della vita, non vediamo niente che scintilli, non intravediamo. E in questo senso i bambini sono esemplari perché si intrattengono con i piccoli niente, che in fondo sono le cose più serie, le cose da cui raccolgono la luce. E anche noi ne abbiamo bisogno. Abbiamo bisogno di questa infanzia. Abbiamo bisogno di scoprire infanzie dentro di noi. E non per caso tutti gli amici sono amici d'infanzia, anche quelli che conosciamo lungo la vita. La principale infanzia di cui dobbiamo essere i testimoni è questa infanzia futura.

Invece di crescere nella severità, nell'intransigenza, nell'indifferenza, nel sarcasmo, nella maldicenza, nel lamento, dobbiamo camminare soavemente nel senso contrario. Dobbiamo crescere nella semplicità, nella gratitudine, nella spoliazione e nella fiducia. La Gioia ha a che vedere con una essenzialità che riusciamo ad accogliere solo nella povertà spirituale.

XV.
L'UMORISMO DI DIO

Se dicessimo che Dio è Amore, nessuno si meraviglierebbe. Si tratta anzi di un'affermazione che si è fatta quasi banale, a forza di ripeterla. Ma se dicessimo che Dio è Umorismo, rimarremmo in uno stato di allerta, perché ci sembrerebbe che qualcuno sta cercando di entrare nel territorio di Dio «dalla porta di servizio» e non dalla «porta principale». In verità, l'amicizia non dispensa dall'avere a che fare con l'umore giusto.

La nostra testimonianza è spesso soggetta ad una *gravitas* insipida, ad una serietà che molte volte si trasforma in un peso. E tuttavia la Bibbia è una sorta di grammatica dell'umorismo di Dio. Per quanto ci possa sembrare incredibile, tale *biblioteca*, così seria, è anche ilare, colma di risa, sebbene una tale dimensione sia fra noi scarsamente riferita e insegnata. Ci sono pagine che costituiscono un puro alfabeto della Gioia e molti momenti che possono essere compresi solo da coloro che sono disposti a mettersi a ridere. Perché la Rivelazione di Dio si propaga in una dinamica che è chiaramente di giubilo.

Probabilmente dovremmo prendere più sul serio il verso giocoso che il Salmo 2 (v. 4) ci sussurra: «Ride colui che sta nei Cieli». O almeno capire che la professione di fede è chiamata a svolgersi come una coreografia festiva, come la descrive il Salmo 33: «Esultate, o giusti, nel Signore; per gli uomini retti è bella la lode. Lodate il Signore con la cetra [e con poesie], con l'arpa a dieci corde a lui cantate. Cantate al Signore un canto nuovo, con arte [danzate e] suonate la cetra e acclamate» (1-3).

In questa stessa linea possiamo collocarc la meravigliosa immagine del libro dei Proverbi (Pr 8,30-31) che così ci presenta la Sapienza, emanazione di Dio, sua presenza visibile: «Io [Sapienza] ero con lui come artefice ed ero la sua delizia ogni giorno: giocavo davanti a lui in ogni istante, giocavo sul globo terrestre, ponendo le mie delizie tra i figli dell'uomo». Si tratta di un enunciato sconcertante, e siamo ancora lontani dall'accoglierlo, visto la sfida che rappresenta. Non è nell'insieme dei compiti tradizionalmente collegati alla sapienza (giudicare, pensare, scrutinare, prevedere...) che possiamo incontrare la Sapienza di Dio. È infinitamente più semplice il suo programma: giocare, rallegrandosi con gli uomini.

Osserviamo, dunque, la Bibbia, e divertiamoci con la sua lettura, percependo che la Gioia è un luogo della rivelazione dell'amicizia di Dio. È impossibile approssimarci a Dio senza capire questa necessaria dimensione. Nella Bibbia troviamo pagine ricolme di umorismo, rappresentato e trasmesso secondo strategie molto diversificate.

Dio mi fa ridere

Uno dei testi emblematici riguarda Abramo e Sara, sua moglie. Nella storia di fede che essi scrivono, il riso e l'umorismo emergono in modo naturale. Consideriamo la situazione iniziale che tutti conosciamo: Sara è sterile e i due si incontrano in una età già piuttosto avanzata e ancora senza figli. E allora si dà l'inattesa promessa di Dio: passato un anno, Sara sarà madre! E Sara, quando sente pronunciare questa promessa, si mette a ridere di nascosto, dietro il telo della tenda.

«Ma il Signore disse ad Abramo: "Perché Sara ha riso dicendo: 'Potrò davvero partorire, mentre sono vecchia'? C'è forse qualche cosa d'impossibile per il Signore? Al tempo fissato tornerò da te tra un anno e Sara avrà un figlio". Allora Sara negò: "Non ho riso!", perché aveva paura; ma egli disse: "Sì, hai proprio riso"» (Gen 18,13-15).

Questo dialogo con il Signore è delizioso e determinerà anche il nome del bambino che nascerà. Infatti il nome Isacco significa «Dio ha sorriso». Sara prima aveva riso per incredulità, per pura sfiducia nei confronti di un annuncio sconcertante di Dio, che non riusciva a capire come avrebbe potuto concretizzarsi! Ma precisamente in questo contesto proprio lei viene sfidata al sorriso, capendo che l'umorismo di Dio può sbloccare la storia rispetto alle sue crisi, e rende possibile ciò che Sara, nel suo cuore, ormai considerava impossibile. Ella avrà un figlio, e potrà dire: «Motivo di lieto riso mi ha dato Dio: chiunque lo saprà riderà lietamente di [con] me!» (Gen 21,6). Un riso assolutamente nuovo: quello della fiducia negli imprevedibili cammini di Dio.

Il riso ci conduce alla sapienza

Molte volte incontriamo il riso associato alla costruzione della vera sapienza. La Bibbia ci insegna a ridere dei nostri giudizi e dei nostri saperi, di quelle cose ricolme di serietà che facciamo ogni giorno, della furbizia con cui cerchiamo di salvare le apparenze, o di sopravvivere alle difficoltà. Questo riso di noi stessi è un riso altamente purificante e ci apre ad un senso nuovo, ad un altro sorriso, che è quello di Dio. Soprattutto nei libri sapienziali, incontriamo una serie di massime che si prestano ad essere lette con il sorriso sulle labbra, perché ci mettono a nudo in modo quasi sfacciato (Sir 37,11):

> «Non consigliarti con una donna sulla sua rivale
> e con un pauroso sulla guerra,
> con un mercante sul commercio
> e con un compratore sulla vendita,
> con un invidioso sulla riconoscenza
> e con uno spietato sulla bontà di cuore,
> con un pigro su una iniziativa qualsiasi
> e con un salariato sul raccolto,
> con uno schiavo pigro su un lavoro importante».

Leggendo questi consigli del Libro di Ben Sira, ci mettiamo a ridere perché riconosciamo la nostra realtà, ma il riso ci depura, ci apre ad una conoscenza profonda di noi stessi. Il riso serve da specchio: invece di continuare in un continuo nascondersi fatto di apparenze, ci dà la possibilità di una contemplazione sdrammatizzata che ci incita, in modo costruttivo, al cambiamento.

Il pigro dice: «C'è una belva per la strada, un leone si aggira per le piazze». «La porta gira sui cardini così il pigro sul suo letto». «Il pigro immerge la mano nel piatto, ma dura fatica a riportarla alla bocca» (Pr 26,13-15).

«Lo stillicidio incessante in tempo di pioggia e una moglie litigiosa si rassomigliano» (Pr 27,15).

«La sanguisuga ha due figlie: "Dammi! Dammi!"» (Pr 30,15).

Il Ben Sira e i Proverbi sono carichi di massime piuttosto ispirate dall'umorismo orientale, probabilmente un po' diverso rispetto al nostro. Ma l'importante è renderci conto che il riso è un modo saggio di entrare in noi stessi, nella nostra realtà, di spezzare la falsa solidità delle apparenze, avendo l'audacia di osservarci per come siamo. In questo senso, il riso ha una funzione sapienziale: è un induttore di sapienza spirituale, ci conduce ad essa.

Nella Bibbia incontriamo molti campioni di scuse che non stanno in piedi. Quando Mosè arriva con le Tavole della Legge, scendendo dal Monte della Rivelazione, ha la sorpresa della sua vita! Mentre si aspettava che il popolo si trovasse unito come un unico cuore e un'unica anima per ricevere la Legge, in verità lo vede riunito intorno ad un vitello d'oro! Mosè chiede ragione ad Aronne, come possiamo leggere nel capitolo 32 del libro dell'Esodo. E Aronne offre la scusa più logora della tradizione biblica. Afferma: «Mi dissero: "Fa' per noi un dio [...]". Allora io dissi: "Chi ha dell'oro? Toglietevelo!". Essi me lo hanno dato; io l'ho gettato nel fuoco e ne è uscito questo vitello"» (23-24). È interessante notare che l'Esodo, pur essendo il racconto della liberazione, è anche un racconto di umorismo. Non ci liberiamo senza accettare il risibile che ci abita.

Il riso ci aiuta ad andare oltre il fatalismo che a volte si abbatte violentemente su di noi. Il testo di Genesi 18 costituisce un esempio eccellente. Abramo cerca di convincere Dio affinché salvi la città di Sodoma, che sarà presto condannata... Abramo costruisce uno stratagemma argomentativo: «Oh, Dio, è vero che la città non ha scampo, ma se vi fossero cinquanta giusti, saresti disposto a risparmiare la città?». È ovvio che Abramo sapeva che a Sodoma non si trovavano cinquanta giusti, ma se Dio avesse risposto di sì, Dio allora sarebbe entrato nel gioco! A volte la questione è questa: saper entrare anche nel gioco! E lo vediamo molto bene nelle parabole di Gesù! Ciò che Egli fa frequentemente è cercare di far entrare quella gente nel gioco della sua logica, e, una volta che vi è entrata, allora la sorpresa del Regno di Dio può irrompere. Dice Dio ad Abramo: «Se a Sodoma troverò cinquanta giusti nell'ambito della città, per riguardo a loro perdonerò a tutto quel luogo». Allora Abramo suggerisce subito uno sconto del dieci per cento, e dice: «forse ai cinquanta giusti ne mancheranno cinque; per questi cinque distruggerai tutta la città?». Abramo, incoraggiato, in un testo intessuto di umorismo, continua ad elemosinare: trenta, venti, fino ad arrivare a dieci giusti. E noi capiamo allora la dimensione del gioco, che in fondo è la dimensione dell'umorismo.

A volte la nostra preghiera è fin troppo seria. È molto importante che essa si lasci attraversare dall'umorismo. Imparare a pregare con Sara e Abramo, con questi due credenti, è imparare a pregare con le nostre risa, con le nostre *impasse*, le nostre sfiducie, con questa specie di gioco di buon umore che la preghiera introduce. Esiste una sproporzione così grande fra cielo e terra, fra la fedeltà di Dio e la nostra fragilità che, dopo tutto e attraverso tutto, solo il sorriso di Dio stampato nel nostro volto può fare la differenza. È per una qualche ragione che il padre del figliuol prodigo fa che la sua casa si illumini con musica e danze (cfr. Lc 15,25).

Umorismo e profezia

L'umorismo è essenziale anche per capire i profeti e la vocazione profetica. Noi possediamo un'ammirazione immensa per i profeti, ma per molti di loro, quando Dio li chiamò dal luogo in cui si trovavano, vale che la prima cosa che fecero fu abbassare il capo, fare finta di niente. Dio parlava, e loro niente! Esattamente come noi. Dio disse ad Amos: «Ascolta, voglio che tu profetizzi», ed egli risponde subito: «Ma io non sono figlio di un profeta, quello che so fare è prendermi cura delle mucche». Quando Dio chiede a Geremia che si faccia profeta, egli risponde: «Ma io sono un bambino, a malapena so parlare!». Ma Dio ride dei nostri ostacoli e trasforma ciò che a noi pareva essere un qualcosa di insuperabile! L'umorismo di Dio accompagna la nostra vita.

Si osservi l'esempio raccontato dal libro di Giona, che è forse il più grande libro dell'umorismo biblico. Dio dice: «Porta questo messaggio di condanna e vediamo se essi si pentono», e spedisce Giona verso sud. Ma egli cerca immediatamente di scappare... verso nord! Sempre in fuga, si imbarca su una nave e finisce per naufragare ed essere inghiottito da una balena. Una volta libero da questa avventura, dopo che la stessa balena lo espelle, avviene l'incidente del terebinto. Il profeta sta dormendo sotto un arbusto, ben collocato, e d'improvviso quella pianta secca. Quando il sole comincia a ferirgli la testa calva con ogni violenza, egli si ribella di nuovo contro Dio.

Vediamo in questo modo come i profeti raccontano la rivelazione di Dio a partire dall'umorismo delle loro stesse vite. Se ciascuno di noi componesse la sua biografia di credente, l'amore e l'umorismo di Dio vi apparirebbero chiaramente associati.

Convertirsi attraverso l'umorismo

Il capitolo 18 del primo libro dei Re è un testo ammirevole. Ci racconta una delle storie di Elia, il profeta che incontra Dio non nel tuono, non nel lampo o in un fracasso spettacolare, ma nella lieve brezza. Questo Elia si trovava solo a sfidare un esercito di quattrocento sacerdoti di Baal, una specie di concorso destinato a verificare chi sarebbe stato difeso dal suo dio. A partire da una religiosità che oggi sappiamo arcaica e prossima ad idee politeiste, capiamo come l'umorismo è importante per la costruzione del vero paradigma del credente.

«Elia disse ancora al popolo: "Io sono rimasto solo, come profeta del Signore, mentre i profeti di Baal sono quattrocentocinquanta. Ci vengano dati due giovenchi; essi se ne scelgano uno, lo squartino e lo pongano sulla legna senza appiccarvi il fuoco. Io preparerò l'altro giovenco e lo porrò sulla legna senza appiccarvi il fuoco. Invocherete il nome del vostro dio e io invocherò il nome del Signore. Il dio che risponderà col fuoco è Dio!". Tutto il popolo rispose: "La proposta è buona!". Elia disse ai profeti di Baal: "Sceglietevi il giovenco e fate voi per primi, perché voi siete più numerosi. Invocate il nome del vostro dio, ma senza appiccare il fuoco". Quelli presero il giovenco che spettava loro, lo prepararono e invocarono il nome di Baal dal mattino fino a mezzogiorno, gridando: "Baal, rispondici!". Ma non vi fu voce, né chi rispondesse. Quelli continuavano a saltellare da una parte all'altra intorno all'altare che avevano eretto. Venuto mezzogiorno, Elia cominciò a beffarsi di loro dicendo: "Gridate a gran voce, perché è un dio! È occupato, è in affari o è in viaggio; forse dorme, ma si sveglierà". Gridarono a gran voce e si fecero incisioni, secondo il loro costume, con spade e lance, fino a bagnarsi tutti di sangue. Passato il mezzogiorno, quelli ancora agirono da profeti fino al momento dell'offerta del sacrificio, ma non vi fu né voce né risposta né un segno d'attenzione. Elia disse a tutto il popolo: "Avvicinatevi a me!". Tutto il popolo si avvicinò a lui e riparò l'altare del Signore che era stato demolito. Elia prese dodici pietre, secondo il numero delle tribù dei figli di Giacobbe, al quale era stata rivolta questa parola del Signore: "Israele sarà il tuo nome". Con le pietre eresse un altare nel nome del Signore; scavò intorno all'altare un canaletto, della capacità di circa due *sea* di seme. Dispose la legna, squartò il giovenco e lo pose sulla legna. Quindi disse: "Riempite quattro anfore d'acqua e versatele sull'olocausto e sulla legna!". Ed essi lo fecero. Egli disse: "Fatelo di nuovo!". Ed essi ripeterono il gesto. Disse ancora: "Fatelo per la terza volta!". Lo fecero per la terza volta. L'acqua scorreva intorno all'altare; anche il canaletto si riempì d'acqua. Al momento dell'offerta del sacrificio si avvicinò il profeta Elia e disse: "Signore, Dio di Abramo, di Isacco e d'Israele, oggi si sappia che tu sei Dio in Israele e che io sono tuo servo e che ho fatto tutte queste cose sulla tua parola. Rispondimi, Signore, rispondimi, e questo popolo sappia che tu, o Signore, sei Dio e che converti il loro cuore!"».

Accettando il fiume Giordano della nostra vita

L'umorismo apre, nelle nostre vite, uno spazio destinato alla sorpresa. Ridiamo perché, senza che ce lo aspettassimo, una parola piena di grazia ci viene incontro. In verità anche la fede non è, niente affatto, un'esperienza prevedibile, una mappa molto dettagliata, ma è anzi un'apertura alla sorpresa di Dio, all'inatteso di Dio che ci convoca... È interessante cercare di capire come, nella Bibbia, queste sorprese determinano il cammino credente. Quando Naaman, generale del re arameo, giunge a Israele e Eliseo, successore di Elia, gli ordina di lavarsi sette volte nel fiume Giordano, egli afferma: «Come è possibile?! Io che ho tanti fiumi magnifici nel mio paese devo lavarmi in un torrente fangoso?». Poi il servo gli domanda: «Se egli ti chiedesse una cosa difficile, la faresti?». E lui risponde: «Certo che si!». «E dunque, ti ha chiesto una cosa così semplice, perché mai non dovresti farla?». E alla fine, quando lo fa, guarisce dalla lebbra (cfr. 2Re 5).

Il riso e la Gioia sono la via semplice. Quando vogliamo la via eroica, e abbiamo l'ambizione di progetti straordinari e artificiosi, l'umorismo ci aiuta a comprendere che, se accettiamo la semplicità, il minimo, accettando «il fiume Giordano della nostra vita», allora possiamo essere curati. Il massimo nel minimo. Il più nel meno.

L'umorismo di Gesù

L'umorismo è presente nel linguaggio e in alcune situazioni della vita di Gesù. In Luca 24 ne troviamo un esempio chiaro. I due discepoli di Emmaus stanno parlando con Gesù, ma non lo sanno. E infatti gli dicono: «tu sei l'unico straniero in Gerusalemme che non conosce questi fatti!». Si è mai vista un'ironia più grande di questa situazione? Ma un discepolo, un cristiano, si costruisce anche grazie all'ironia di Dio. Cioè, grazie all'esperienza del fatto che Dio considera ciò che costituisce le nostre fatalità, il nostro irrimediabile, il nostro finito e perduto, e sorride. Allora cominciamo un cammino più profondo e positivo di quello che supponevamo.

Per diverse volte si tentò di prendere Gesù per farne un re. E Gesù è sempre sfuggito a questi tentativi. Ma ci fu un'occasione in cui Gesù prese l'iniziativa ed entrò in Gerusalemme. Ma lo fece nel modo più strano e... risibile! Si mise a cavallo di un giumento, entrò e fu acclamato non dalle autorità competenti, ma dai bambini e dalla gente di strada! È interessante vedere cosa afferma san Giovanni quando lo racconta, in Gv 12,16: «I suoi discepoli sul momento non compresero queste cose». E come avrebbero potuto comprendere ciò che era successo, senza ricollegarsi all'umorismo profetico di Gesù? Ci vengono immediatamente alla memoria i *Cristi* dipinti da Rouault. Il Cristo «clown», in tutta la sua carica drammatica, è anche fatto di umorismo, un'esplosione formidabile di colore. Il riscatto non avviene soltanto attraverso la sofferenza. Avviene anche attraverso la Gioia.

L'umorismo continua nella storia degli Apostoli. Come nel caso di Atti 12, quando Pietro è liberato dalla prigione. Si dirige alla casa in cui i discepoli si trovano riuniti e bussa forte alla porta. Una domestica accorre ad aprire e domanda chi è. E allora sente dirsi: «Sono Pietro!». Riconosce la voce di Pietro e si sbriga a dire agli altri che Pietro è alla porta. Sorge invece una discussione: sarà davvero lui? Ma non era prigioniero!?... E Pietro continua a bussare alla porta!

La creazione è la danza di Dio

Parlare del buon umore di Dio, nella Bibbia, illumina la nostra condizione di *homo ludens* e di *homo festivus*. Il ludico, l'umorismo, il gioco, aprono in noi porte nuove! Sono dimensioni importanti per vincere quella malattia mortale che è l'angoscia.

L'umorismo nell'esperienza della fede ci aiuta in questo processo di ricreazione interiore. L'esperienza di fede è un'esperienza di creazione e di ricreazione! La metafora più poderosa che San Paolo trova per parlare di Gesù Cristo è quella di dire: «In Lui siamo stati creati e ricreati». Il grande luogo dell'esperienza cristiana è questa esperienza di nascita e rinascita, della vita in aperto, in ricomposizione, a partire dalla Grazia dello Spirito. La scrittrice Flannery O'Connor, dotata di un umorismo eccezionale, criticava nel cattolicesimo del suo tempo quel deficit tremendo di fantasia, di immaginazione. Se lasciamo da parte la fantasia, l'immaginazione, l'umorismo, il ludico, finiamo per dimenticarci l'arte di rincontrare la Gioia. Il teologo Hugo Rahner sottolinea come nel libro biblico dei Proverbi, quando si parla dell'azione di Dio, del suo fare e creare, è usata la stessa parola che ci appare nel secondo libro di Samuele (6,5) per descrivere la danza di Davide davanti all'Arca dell'Alleanza. Il fare di Dio è una danza, una danza festiva. La stessa parola: Dio danza, Dio crea. La Creazione è la Danza di Dio. Quella ruota meravigliosa degli eletti che il Beato Angelico ha dipinto, fra gli angeli musicisti, mentre tutti si danno la mano, è un'immagine molto più vicina alla tradizione biblica di quanto potremmo mai supporre. Un verso molto bello di Auden dice: «Io non so niente tranne ciò che tutti sanno. / Se sarò là, dove la Grazia di Dio danza, anche io ballerò».

XVI. PAOLO, MAESTRO DI GIOIA CRISTIANA

La «Gioia» è una categoria che segna profondamente la teologia di Paolo, a tal punto che per Lui si è proposto il titolo di «teologo della Gioia». In effetti, questa è una specie di costante in tutto il suo epistolario. Emerge in passaggi centrali della riflessione che l'Apostolo svolge, come stato permanente che deve accompagnare la stessa condizione di cristiano. Delle 326 volte in cui il vocabolario della Gioia appare nel Nuovo Testamento, più di un terzo, 131 volte, si trova in alcuni testi dell'Apostolo.

Vedremo anche come la Gioia si lega a situazioni concrete che sono man mano vissute e alla risonanza singolare di queste nella personalità di Paolo. La Gioia ha questa facoltà di chiamarci alla realtà e di costituire una sorta di termometro che attesta la salute interiore. Ma ciò succede, secondo Paolo, perché la Gioia cristiana esiste in un'intima articolazione fra gli assi più importanti dello stesso *Kerygma*.

La Gioia e il Mistero di Cristo

Esplicitamente e implicitamente l'annuncio paolino della Gioia si lega alla Resurrezione del Signore, come si può già notare in 1Ts 1,6-10, ma anche in altri passi (2Cor 7,3-4; 13,1-11; Fil 1,15-20; 2,17). Nel passo di Tessalonicesi, l'Apostolo scrive: «E voi avete seguito il nostro esempio e quello del Signore, avendo accolto la Parola in mezzo a grandi prove, con la gioia dello Spirito Santo, così da diventare modello per tutti i credenti della Macedonia e dell'Acaia. Infatti per mezzo vostro la parola del Signore risuona non soltanto in Macedonia e in Acaia, ma la vostra fede in Dio si è diffusa dappertutto, tanto che non abbiamo bisogno di parlarne. Sono essi infatti a raccontare come noi siamo venuti in mezzo a voi e come vi siete convertiti dagli idoli a Dio, per servire il Dio vivo e vero e attendere dai cieli il suo Figlio, che egli ha risuscitato dai morti, Gesù, il quale ci libera dall'ira che viene».

Il passo gravita attorno alla Parola del Signore, che è fonte di Gioia nella vita dell'Apostolo e della comunità che lo imita. Ma l'accoglienza della Parola è essenzialmente accoglienza dell'evento di cui la Parola è annuncio, e che le fornisce una identità specifica. In questo contesto percepiamo il doppio senso che Paolo conferisce all'espressione «Parola del Signore»: è Parola del Signore perché egli stesso, resuscitato, parla (cfr. 2Cor 13,5) ed è Parola del Signore perché il Resuscitato è oggetto dell'annuncio (2Cor 13,3). Ne consegue l'esplosione della Gioia che fiorisce inevitabilmente come risultato dell'incontro fra il credente e il Resuscitato, attraverso la forza della sua Parola.

Allo stesso modo, la persistenza della Gioia nelle prove e nelle sofferenze si capisce come accettazione del Vangelo del Resuscitato che è anche Crocifisso. Le prove diventano precisamente la circostanza che consente di vivere misteriosamente con il Signore Crocifisso. Esiste un ammirevole crescendo nella narrativa delle Lettere in cui si presenta il nesso, appassionante e nascosto, fra la vita del Maestro e quella del discepolo, fra il Signore Morto e Resuscitato e l'Apostolo chiamato ad un morire-con e ad un risorgere-con. È così che Paolo stesso paragona la sua fragilità («Per questo ci rallegriamo quando noi siamo deboli», 2Cor 13,9) con la fragilità di colui che per primo «fu crocifisso per la sua debolezza, ma vive per la potenza di Dio» (2Cor 13,4). La possibilità della Gioia per Paolo si fonda, prima di tutto, nella possibilità di condividere, intimamente e in pienezza, il destino di Cristo. È ciò che egli scrive in Fil 2,17-18, ricorrendo al linguaggio del sacrificio e del culto: «Ma, anche se io devo essere versato sul sacrificio e sull'offerta della vostra fede, sono contento e ne godo con tutti voi. Allo stesso modo anche voi godetene e rallegratevi con me».

Come sintesi e punto culminante di questa relazione, fra la Gioia e il mistero di Cristo, soffermiamoci sull'espressione «nel Signore», di Fil 4,4: «Siate sempre lieti nel Signore, ve lo ripeto: siate lieti». Cosa ci rivela questa brevissima frase? Che la Gioia non irrompe da una adesione estrinseca, ma implica comunione, un immergere la vita intera «nel Signore», e abitare in Lui, radicati, modellati, nascosti, «sotterrati», come dice Paolo a un certo punto. «Essere lieti nel Signore»: non si tratta di una qualsiasi vibrazione entusiastica, ma del riconoscimento della definitività della Resurrezione rispetto a tutti gli avvenimenti e rispetto all'estensione globale della vita. Niente ne rimane fuori.

È stato saggiamente sottolineato un parallelismo flagrante fra l'espressione «Essere lieti nel Signore» di Fil 3,1a e l'«andare d'accordo nel Signore [mantenere uno stesso sentimento nel Signore] » di Fil 4,2. Questa seconda affermazione ci informa circa l'impegno che è necessario assumerci, perché nulla è già fatto in partenza. Si tratta anzi di un tendere, un divenire, un seguire. In verità esiste una distanza da colmare fra quello che è successo una volta per tutte nella vita di Gesù e quello che pazientemente deve essere costruito e edificato nella vita dell'Apostolo. Paolo afferma chiaramente che Cristo deve essere glorificato nel suo corpo mortale: « Cristo sarà glorificato nel mio corpo, sia che io viva, sia che io muoia » (Fil 1,20), ossia, Cristo si trova, in noi, in continua espansione. Della Gioia possiamo perciò affermare che in Paolo la sua chiave rimane cristologica: la Gioia paolina è una conseguenza dell'inaugurazione dell'atto definitivo di Dio, che attraverso il Resuscitato offre un senso e un orizzonte. Da ciò deriva questa radiosa dichiarazione: « Sono pieno di consolazione, pervaso di gioia » (2Cor 7,4).

La Gioia e lo Spirito Santo

Negli scritti di Paolo esiste una sorprendente analogia nella relazione Cristo/Gioia e Spirito Santo/ Gioia. La Gioia cristiana è anche soffio dello Spirito, Spirito che è manifestazione e potenza di Dio e che rispetto a Cristo conserva una fondamentale continuità. Si tratta di una stessa Gioia che incontriamo nell'atteggiamento del Padre, nella condizione del Resuscitato e nell'essenza plasmante e trasformatrice dello Spirito. A questo punto possiamo capire come Paolo attribuisca allo Spirito il dono della Gioia. In 1Ts 1,6 Paolo parla della « gioia dello Spirito Santo», e in Gal 5,22 la Gioia integra – in secondo luogo – l'insieme di doni che sono «frutti dello Spirito Santo». La Gioia è l'azione che lo Spirito Santo scatena nelle condizioni attuali del cristiano. Essa è esposta alle alternanze della storia con le sue tribolazioni e la sua drammaticità, ma si radica profondamente nella presenza onni-trasformante di Cristo e del suo Spirito. Ma a tale effetto è necessario percorrere un cammino secondo lo spirito che ci distingue con la novità della Resurrezione: «Ma io vi dico: camminate secondo lo Spirito» (Gal 5,16); «Lasciatevi guidare dallo Spirito» (Gal 5,18).

Risulta, in questo senso, molto felice l'espressione paolina di Rm 14,17: «Il regno di Dio infatti non è [una questione di] cibo o bevanda, ma [una questione di] giustizia, pace e gioia nello Spirito Santo». Nella sequenza di giustizia, pace e Gioia nello Spirito prende forma il Regno di Dio. E potremmo dire: «Giustizia e pace» si capisce che siano trasparenza del Regno, perché obbligano ad una conversione sociale, ad un impegno effettivo nella trasformazione della storia. Ma ora, la Gioia: essa riveste una qualche plausibilità in questa triade? La Gioia è una ispirazione pneumatica fondamentale. Lo Spirito è il grande ispiratore della novità, del rinnovamento, dello zampillare imprevisto del dono, degli antichi e dei nuovi carismi. È il grande responsabile della fantasia della carità. E la Gioia è il dialetto, la dizione, la calligrafia dello Spirito.

La Gioia e la comunità ecclesiastica

La Gioia è un dono dello Spirito (cfr. Gal 5,22), ma prende forma e acquisisce concretezza con l'incontro dell'Apostolo e della Comunità. La stessa comunità è motivo di Gioia. In questa direzione si muovono diverse espressioni: «Fratelli miei carissimi e tanto desiderati, mia gioia e mia corona» (Fil 4,1).

Esiste una continuità fra la presenza del Resuscitato e il suo divenire visibile nello spessore concreto di una comunità. La Gioia dell'Apostolo è effetto di ciò che Cristo ha compiuto con se stesso e si fa palpabile nella vita comune dei fratelli.

L'Apostolo non può non rallegrarsi del fatto che l'avvento stesso di Cristo informi la comunità («La fama della vostra obbedienza è giunta a tutti: mentre dunque mi rallegro di voi [...]» – Rm 16,19). La comunità non è soltanto il destinatario del Vangelo, e anzi Paolo vi riconosce un ruolo attivo nella testimonianza e nella missione, in un esercizio di collaborazione e corresponsabilità («Rendo grazie al mio Dio ogni volta che mi ricordo di voi. Sempre, quando prego per tutti voi, lo faccio con gioia a motivo della vostra cooperazione per il Vangelo», Fil 1,3-5). Tutto ciò permette a Paolo di utilizzare una gamma di espressioni che attestano la prossimità fra lui e la comunità, che si evidenzia in legami di autentico affetto.

1Ts 2,17: «Quanto a noi, fratelli, per poco tempo privati della vostra presenza di persona ma non con il cuore, speravamo ardentemente, con vivo desiderio, di rivedere il vostro volto. [moltiplicavamo gli sforzi per rivedere il vostro volto, perché ne avevamo un ardente desiderio]»; 2Cor 6,13: «Io parlo come a figli: rendeteci il contraccambio, apritevi anche voi! [dilatate anche voi il vostro cuore]».

Il desiderio di rivedere il volto è un desiderio di amicizia nuova che si è instaurato a partire dal vincolo della fede, e un desiderio di contribuire, allo stesso tempo, alla maturazione di questa stessa fede. 1Ts 3,2: «E abbiamo inviato Timòteo, nostro fratello e collaboratore di Dio nel vangelo di Cristo, per confermarvi ed esortarvi nella vostra fede».

Con ciò non si ignorano, tuttavia, le oscillazioni e gli incidenti che caratterizzano questa relazione di Gioia: Paolo vive con preoccupazione gli affetti della comunità, si entusiasma, e soffre con essa. L'atteggiamento predominante non smette di essere mai quello della Gioia, ma nel contesto di questa, l'Apostolo si predispone ad accettare anche le difficoltà e le tribolazioni: 2Cor 13,9: «Per questo ci rallegriamo quando noi siamo deboli e voi siete forti».

L'Apostolo deve anche alzare la voce per allertare la comunità; la sua responsabilità verso di essa lo obbliga a vigilare e a intervenire. Ciò, tuttavia, lasciando ben chiaro che la meta rimane quella della Gioia e della conversione. 2Cor 7,8-9: «Se anche vi ho rattristati con la mia lettera, non me ne dispiace. E se mi è dispiaciuto – vedo infatti che quella lettera, anche se per breve tempo, vi ha rattristati –, ora ne godo; non per la vostra tristezza, ma perché questa tristezza vi ha portato a pentirvi».

D'altro canto, esiste una Gioia della comunità che ha la sua origine nell'Apostolo. Egli è cosciente di essere il portatore della Gioia nei confronti della sua comunità. In 2Cor 1,24 si legge: «Con questa convinzione avevo deciso in un primo tempo di venire da voi, affinché riceveste una seconda grazia [grazia/gioia]».

La visita di Paolo è Gioia per la comunità. È evidente anche qui che si tratta di un riconoscimento da parte della comunità. La comunità si rallegra per la visita, o la desidera, perché nella visita dell'Apostolo scorge un segnale della visita di Cristo stesso. E se Paolo accetta questo riconoscimento del suo ministero apostolico, ne espande il senso in relazione a tutti i fratelli. È il caso della buona accoglienza di Tito da parte della comunità di Corinto: (cfr. 2Cor 7,13): «Ecco quello che ci ha consolato. Più che per la vostra consolazione, però, ci siamo rallegrati per la gioia di Tito». È il caso del ritorno di Epafrodìto alla comunità di Filippi: «Ho creduto necessario mandarvi Epafrodìto, fratello mio, mio compagno di lavoro e di lotta e vostro inviato per aiutarmi nelle mie necessità. Aveva grande desiderio di rivedere voi tutti e si preoccupava perché eravate a conoscenza della sua malattia. È stato grave, infatti, e vicino alla morte. Ma Dio ha avuto misericordia di lui, e non di lui solo ma anche di me, perché non avessi dolore su dolore. Lo mando quindi con tanta premura, perché vi rallegriate al vederlo di nuovo e io non sia più preoccupato. Accoglietelo dunque nel Signore con piena gioia e abbiate grande stima verso persone come lui, perché ha sfiorato la morte per la causa di Cristo, rischiando la vita, per supplire a ciò che mancava al vostro servizio verso di me» (Fil 2,25-30).

È l'unica Gioia che tende ad abbracciare tutte le relazioni. Gioia e carità si trasformano in una cosa sola nella vita della comunità: la Gioia può essere piena solo se la carità è vissuta nell'insieme dei fratelli (Fil 2,2): «rendete piena la mia gioia con un medesimo sentire e con la stessa carità, rimanendo unanimi e concordi [cercando di avere gli stessi sentimenti, accogliendo lo stesso amore, uniti in una sola anima, possedendo un medesimo sentimento]». Il che significa che questa Gioia deve incarnarsi nelle relazioni interne di carità, e che queste relazioni si trasformano a loro volta nel contesto vitale della Gioia.

C'è un testo che riconduce alla sua unità questa polarità relazionale Apostolo-comunità. Fil 1,25-26: «Persuaso di questo, so che rimarrò e continuerò a rimanere in mezzo a tutti voi per il progresso e la gioia della vostra fede, affinché il vostro vanto nei miei riguardi cresca sempre più in Cristo Gesù, con il mio ritorno fra voi [affinché la gloria, che per mezzo di me avete in Cristo Gesù, aumenti con la mia presenza di nuovo presso di voi]». Si parla di una «Gioia di fede», che unisce in modo inseparabile il destino dell'Apostolo alla vita della comunità. Qui non si parla della Gioia delle persone, ma della *pistis*. La relazione che unisce l'Apostolo e la comunità è una relazione di fede. Si tratta di un cammino comune, una crescita mutua il cui punto di convergenza è Cristo Gesù.

Il cammino della Gioia

Anche se Paolo non offre un'analisi esaustiva dell'esistenza cristiana, si può individuare, soprattutto nelle sezioni parentetiche, il luogo che la Gioia è chiamata ad occupare nella vita del cristiano. Queste ulteriori considerazioni potranno precisare il nesso fra la Gioia e i fatti singolari, gioiosi o meno, della vita umana.

1. Un binomio particolarmente significativo è quello che lega speranza e Gioia. Pensiamo a due espressioni della Lettera ai Romani. Rm 12,12: «Siate lieti [gioiosi] nella speranza»; e Rm 15,13: «Il Dio della speranza vi riempia [...] di ogni gioia». L'esortazione

alla Gioia cerca di ricondurre il cristiano e la comunità al di là dei fatti contingenti, verso quel fondo di serenità che è determinato dalla speranza cosciente di chi sa che, d'ora in avanti, la vita dell'uomo si trova immersa, attraverso il mistero di Cristo, in Dio stesso. San Paolo non invita all'indifferenza o all'impassibilità di fronte alle crisi e ai conflitti della vita, ma anzi al fattore decisivo per eccellenza: l'Avvento del Resuscitato, nel quale, fedelmente e creativamente, tutta l'esistenza cristiana è chiamata a costruirsi.

2. Ma Paolo parla anche, e si tratta di un secondo binomio, di un equilibrio fra la Gioia fondamentale a cui ogni cristiano è chiamato e gli incidenti propri della vita. L'immagine che Paolo possiede delle comunità (e di se stesso!), non è, in nessun modo, idealizzata. Egli sa che la fragilità e l'incertezza si avvicinano. E, per questo, propone due atteggiamenti: a) condividere i sentimenti gli uni degli altri («Rallegratevi con quelli che sono nella gioia; piangete con quelli che sono nel pianto», Rm 12,15), e questo stile di presenza continua l'accoglienza e la condivisione che Cristo realizza, assumendo la nostra umanità. b) e l'invito a piangere, godere e possedere, come se non piangessimo, godessimo o possedessimo («quelli che piangono, come se non piangessero; quelli che gioiscono, come se non gioissero; quelli che comprano, come se non possedessero», 1Cor 7,30).

Se la Gioia esige di essere autentica, non è l'euforia di un momento, ma l'orizzonte indissolubile e vivo di Cristo. In questo senso la Gioia è inclusiva. L'esistenza del cristiano deve sintonizzarsi con ciò che è successo nella vita umana di Gesù. Si trasforma in vita eucaristica.

La Gioia può essere dunque collegata alla preghiera e al ringraziamento, in quanto dono escatologico di Dio (1Ts 3,9: «Quale ringraziamento possiamo rendere a Dio riguardo a voi, per tutta la gioia che proviamo a causa vostra davanti al nostro Dio [...]?»; 5,15-18: «Badate che nessuno renda male per male ad alcuno, ma cercate sempre il bene tra voi e con tutti. Siate sempre lieti, pregate ininterrottamente, in ogni cosa rendete grazie: questa infatti è volontà di Dio in Cristo Gesù verso di voi»).

Esiste a tutti gli effetti una prossimità etimologica e semantica fra i termini *charâ*, che significa gioia e *Châris*, che significa Grazia. Solo per il fatto di incontrarsi nella Grazia l'uomo può sperimentare anche la Gioia. La Gioia è il segnale, quasi sacramentale, della Grazia divina.

Se alcune correnti ebraiche, segnate da alcuni passi dell'Antico Testamento, insistevano nella concretizzazione della benedizione di Dio nel dono materiale della terra (figli, salute, abbondanza), Paolo non si muove in questa direzione. Non perché non riconosca un valore ai benefici che possono accompagnare la vita dell'uomo (la colletta; la salute di Epafrodito), ma la priorità è data al bene per eccellenza che è la ricchezza del dono di Dio.

Anche in relazione alla tradizione ellenistica, Paolo ha saputo marcare le differenze. Per i greci, il possedere o il non possedere determinati beni era attribuito alla fortuna, e implicitamente ad un ente divino dal cui arbitrio dipendevano le diverse situazioni umane. Le varie filosofie avevano cercato di razionalizzare nel limite del possibile l'esperienza del dolore e del male, arrivando a soluzioni diverse: la pazienza socratica, l'atarassia stoica, il compiacimento epicureo. Paolo si colloca su un altro piano. Non c'è posto né per una fortuna che discrimina gli uomini, né per una soluzione corrispondente al volontarismo umano. Al contrario, esiste un invito alla Gioia. Ciò che è avvenuto in Gesù Cristo colloca tutti gli uomini in una posizione di «graziati». Si tratta di una Grazia nella quale il Padre si dirige in qualità di Misericordioso a tutti i suoi figli, senza preferenza e senza discriminazione. Osserviamo così che la Gioia si trasforma in un orizzonte concreto in cui si può cogliere l'originalità cristiana che il pensiero di Paolo riflette.

Gioia ed escatologia

Il primo dato da mettere in rilievo è che la Gioia stessa è un dono escatologico: segnala già nel presente la pienezza del cristiano. Paolo non colloca la Gioia in un futuro, al massimo è nel futuro che colloca la sua pienezza. La Gioia è parte integrante della dinamica della promessa. Paolo parla di «un tendere [condurre] alla perfezione» (2Cor 13,11) e di «rendere piena la gioia» (Fil 2,2): espressioni che si riferiscono al crescere e al maturare di questa Gioia. Essa apparirà in tutta la sua intensità «davanti al Signore» nella Parusia (1Ts 2,19) e «davanti a Dio» (1Ts 3,13). Solo allora la promessa sarà del tutto compiuta. Questa condizione non toglie nulla alla Gioia, ma ci fa comprendere la sua condizione itinerante.

Sono interessanti, in questo senso, le espressioni di Paolo che declinano la Gioia al presente e al futuro: «Io me ne rallegro e continuerò a rallegrarmene» (Fil 1,18), o un augurio di una pienezza di Gioia e di pace nella Chiesa, come in Rm 15,13: «Il Dio della speranza vi riempia [...] di ogni gioia e pace».

XVII.
IL RAGAZZO, L'ANGELO E IL CANE

L'amicizia è un racconto, perciò non dobbiamo meravigliarci se la Bibbia, per parlarne, ricorre così tanto all'arte delle storie. In verità le storie sono la lingua con la quale l'amicizia riesce ad esprimersi meglio, poiché esse ci mettono di fronte al paesaggio del vissuto e del concreto. L'amicizia è una sapienza eminentemente pratica. Una delle più belle immagini dell'amicizia che la Bibbia costruisce ci viene raccontata nel libro di Tobia. Tobi era un uomo giusto e pio, che partecipava alle sofferenze di tutti i suoi fratelli. Una giorno dette una festa nella sua casa e disse al figlio Tobia: «Figlio mio, va', e se trovi tra i nostri fratelli qualche povero, giuro che resterò ad aspettare che tu ritorni, e non mangerò finché non lo veda seduto al tavolo con noi» (versione libera di Tb 2,2).

Il figlio andò dunque a cercare un povero, e ne incontrò uno, già morto, abbandonato sulla strada. Tobi si alzò immediatamente e andò a seppellire quell'uomo. Poi si purificò e si mise a piangere. Quando tornò a casa, il banchetto non era più lo stesso, niente di ciò che si trovava intorno conservava il suo splendore, nessun alimento aveva mantenuto il suo sapore. Egli si ricordò delle parole del profeta: «la vostra gioia sarà trasformata in lacrime», e sentì che la sua vita in quella sera si era approssimata ad una qualche trasformazione.

Poco tempo dopo egli si stava riposando con gli occhi aperti e non si era reso conto che c'erano alcuni uccelli sopra il muro. Gli escrementi degli uccelli gli caddero sugli occhi e ne rimase cieco. Egli fece ricorso anche alle cure mediche, ma il suo male sembrava incurabile. E alla cecità presto si associò la povertà. Tobi allora si ricordò che aveva depositato presso un prestatore una determinata quantità di denaro e che questo denaro ora gli avrebbe fatto comodo. Ma purtroppo questo prestatore si trovava nella regione della Media, molto lontano dalla città in cui Tobi risiedeva. Egli avrebbe potuto inviarvi solo suo figlio, ma questi avrebbe avuto bisogno di un compagno, per intraprendere un simile viaggio. È nel capitolo 5 del libro di Tobia che la questione viene presentata: «Allora Tobia rispose al padre: "Quanto mi hai comandato io farò, o padre. Ma come potrò riprendere la somma, dal momento che lui [Gabaèl] non conosce me, né io conosco lui? [...] Inoltre non sono pratico delle strade da prendere per andare in Media". Rispose Tobi a suo figlio Tobia: "Ti darò un documento che egli mi dette. Basterà che tu glielo mostri affinché egli ti restituisca il denaro. Cercati dunque, o figlio, un uomo di fiducia che si metta in viaggio con te"» (versione libera di Tb 5,1-3).

Dunque Tobia uscì in cerca di un uomo che accettasse di viaggiare con lui e si trovò davanti l'angelo Raffaele, senza che sapesse che si trattava di un angelo di Dio. La Lettera agli Ebrei ci avverte: «Non dimenticate l'ospitalità; alcuni, praticandola, senza saperlo hanno accolto degli angeli» (Eb 13,2). L'amicizia è un territorio in cui si danno incontri di questo genere. Tobi benedice il loro viaggio dicendo: «Dio, che è nei cieli, vi conceda un viaggio felice e che il suo angelo vi accompagni» (versione libera di Tb 5,17).

Dunque Tobia e l'angelo si mettono in cammino, e portano con sé il cane di Tobia. L'immagine dei tre è una delle più belle icone dell'amicizia.

La raganella è un capolavoro dei più alti

Sull'angelo esiste una poesia di Adília Lopes, pseudonimo di Maria José da Silva Viana Fidalgo de Oliveira, poetessa portoghese, carica di sapienza spirituale, che dice: «Un angelo è con te quando ti perdi d'animo / Un angelo è con te quando gioisci / C'è sempre un angelo con te / E l'arcobaleno brilla come l'acqua che scorre». Ma all'interno di una riflessione sull'amicizia dobbiamo anche includere il cane che cammina accanto a Tobia e che rappresenta l'alleanza di amicizia fra l'essere umano e tutte le creature. In effetti Dio non ha messo l'uomo a capo della creazione come signore, ma lo ha preposto come suo pastore. Fra tanti altri misteri, tutti facciamo parte di un paesaggio unico. Il nostro compito non è quello di dominare, ma anzi quello di pascolare ciò che, in linguaggi tanto udibili come silenziosi, le altre specie, nel nostro grande viaggio del mondo, ci dicono. In questo senso risuona meravigliosa la verità dei versi di Walt Whitman:

«Credo che una foglia d'erba non sia meno
di un giorno di lavoro delle stelle,

e ugualmente è perfetta la formica,
e un grano di sabbia, e l'uovo dello scricciolo,
e una raganella è un capolavoro dei più alti,
e il rovo rampicante potrebbe adornare
i salotti del cielo,
e la più stretta linea della mia mano
se la può ridere di ogni meccanismo,
e la vacca che rumina a testa bassa
supera ogni statua,
e un topo è un miracolo sufficiente
a far vacillare miriadi di miscredenti»

Ci sorprende sempre l'ippopotamo a cui si fa riferimento nel libro di Giobbe. Non si tratta propriamente di un divertimento teologico, poiché lo si trova in un'opera che indaga molto seriamente i limiti della responsabilità umana di fronte all'esperienza devastatrice del Male. La prima cosa che vi troviamo è la protesta di Giobbe contro il Male che senza spiegazioni si abbatte sulla sua storia, e questa protesta si allarga fino a Dio, giacché Egli, in fondo, non esclude i giusti dalle tribolazioni. E in questo dialogo impressionante si sviluppa una riflessione che non poteva essere più sconcertante. Giobbe riesce esclusivamente a pensare ai suoi dolori e ai perché con i quali, inutilmente, si schermisce. Ma Dio lo sfida a guardare faccia a faccia... un ippopotamo! «Ecco, l'ippopotamo che io ho creato al pari di te, si nutre di erba come il bue. Guarda, la sua forza è nei fianchi e il suo vigore nel ventre. Rizza la coda come un cedro, i nervi delle sue cosce s'intrecciano saldi, le sue vertebre sono tubi di bronzo, le sue ossa come spranghe di ferro. Esso è la prima delle opere di Dio...» (Gb 40,15.19).

Il metodo di Dio in questo singolare incontro con Giobbe è quello di allargare la misura del suo sguardo, aprirlo immensamente a tutto ciò che è grande, a tutto ciò che non ha risposta, dimostrando che, se il Male è un enigma che ci fa tacere, il Bene è un mistero ancora più grande. Neppure la meravigliosa opera del Creatore possiede una qualche risposta. Perché dunque pretendere ad ogni costo la soluzione per il Male, se il Bene è allo stesso modo una domanda, e una domanda più profonda, vasta e silenziosa?

Anche Gesù ci ordina di osservare: osservare gli uccelli del cielo e i gigli dei campi (Lc 12,22-34). La vita moderna ci ha allontanato dall'amicizia con la natura. I paesaggi urbani, con le loro foreste di cemento, rinchiudono la vita fra pareti efficaci, ci colonizzano con una massa enorme di strumenti che servono a garantire certi livelli di comodità, ma non è per caso che l'aria che respiriamo si chiama «aria condizionata». «Osservate gli uccelli... osservate i gigli». Abbiamo bisogno di più ampiezza, di vasti campi, a perdita d'occhio, di viaggi più profondi di quelli della routine. Abbiamo bisogno di avvicinarci al silenzio delle cose, complice del silenzio della nostra anima. Abbiamo bisogno di quella lieve libertà delle ore inafferrabili di cui la ruota della creazione ci dà serene testimonianze. Siamo insoddisfatti, tristi, esauriti, perché una vita confinata e senza ampiezza è una vita ridotta. Abbiamo bisogno di essere curati dall'amicizia delle creature. «Osservate gli uccelli... osservate i gigli».

Non potrò mai scordare il primo caso che una mia amica, avvocato, dovette difendere in tribunale. Il caso di una donna che rubava vasi di fiori. Si capì poi che non possedeva propriamente una casa: viveva in una oscura grotta, che per decenni era servita da rifugio per gli animali negli inverni più duri. Nessun mezzo di trasporto arrivava fin là. La donna saliva su fin dove finiva il catrame e si incamminava, poi, lungo alcune scorciatoie pietrose e solitarie, fino a raggiungere il luogo più che precario che costituiva la sua improvvisata dimora. Ebbene, in questo luogo la polizia scoprì più di un centinaio di vasi rubati, che la donna, però, manteneva incredibilmente fioriti.

Sappiamo così poco gli uni degli altri, e così poco di noi stessi! Tuttavia l'amicizia è una ruota che si allarga come quelle pietre che nell'infanzia tiravamo verso il lago e che ci affascinavano al disegnare nell'acqua circoli sempre più grandi.

Possiamo essere amici di un fiore? Nel *Diario* di Etty Hillesum si può leggere: «Ah, sì, il gelsomino. Com'è possibile, mio Dio, che se ne stia lì incastrato fra la parete senza colore dei vicini, sul retro, e il garage? Egli osserva oltre lo scuro tetto piatto e fangoso del garage. In quella oscurità grigiognola e fangosa egli è così raggiante, così puro, così esuberante e così fragile, una giovane sposa audace e perduta fra i meandri di una cattiva vicinanza. Non ne capisco nulla del gelsomino. E non è necessario capire niente. È ancora possibile credere ai miracoli...».

XVIII.
AMICO, PERCHÉ SEI VENUTO?

La poesia «Ringraziamento», della scrittrice polacca Wislawa Symborska, esige di essere letta con ironia. Comincia così: «Devo molto / a quelli che non amo». Ciò che ci aspetteremmo è che la scrittrice dica: «Devo molto, o devo tutto, a quelli che amo». La poesia, però, porta ad una novità nell'immagine abituale del mondo: «Devo molto / a quelli che non amo». E spiega: «Non li aspetto, / dalla porta alla finestra. / Paziente quasi come un orologio solare»; «Da un incontro a una lettera / passa non un'eternità, / ma solo qualche giorno o settimana».; «E quando ci separano / sette monti e fiumi, / sono monti e fiumi / che si trovano in ogni atlante». Symborska, con la sapienza e il buonumore che contraddistinguono normalmente i suoi versi, schiude qui una misteriosa verità dei sentimenti umani: il fatto che esiste una specie di sofferenza che ci può causare solamente chi si trova vicino a noi. È evidente che imbarazzi, aggressioni e sfaldature possono sorgere da ogni parte, ma nessuna perturbazione provoca in noi un impatto così forte, né colpo alcuno ci ferisce così in profondità come quelli che provengono da un nostro fratello, da un nostro amico.

SOLO CHI MI AMA MI PUÒ TRADIRE

C'è un noto aforisma di T.E. Lawrence: «Il mio nome appartiene ai miei amici» (*My name is for my friends*): In effetti solo chi ci ama può pronunciare correttamente il nostro nome, conoscerne il significato fino in fondo, e potrà nominare il nostro mondo nella sua complessa ed enigmatica interezza. Solo chi ci ama è capace di vederci come realmente siamo: questa mescolanza appassionata, contraddittoria, questa avventura riuscita e tuttavia mai conclusa, questa pulsione dei nervi e dell'anima, fatta di opacità e illuminazioni. Ha scritto a ragione un poeta: «Chi non mi ha dato Amore, non mi ha dato nulla». Solo chi ci ama deposita in fondo alla terra oscillante del nostro cuore un seme di bontà, un frammento di domani. E tuttavia come la notte, ad un certo momento, attende inevitabilmente il giorno, o come la tempesta sorge, senza che sappiamo spiegarci bene il perché, dall'interno della stessa bonaccia, così funziona pure nell'amicizia. Può esistere un momento, un'ora della vita, una situazione in cui, con maggiore o minore gravità, sentiamo, rabbrividendo, il contatto con un gesto, con una parola che la tradisce.

Il sentimento di chi si sente tradito non è solo una ferita, è un cratere, uno strappo che ci scuce da cima a fondo. Credevamo di star vivendo una storia stabile di fiducia, vi abbiamo scommesso tutto e ci siamo accorti che non era così. Tutto ne rimane disorientato. Il tradimento frantuma il nostro quadro di riferimento interno, ci precipita nella delusione, ci lega a un esteso e sconosciuto dolore. È vero che ci dobbiamo pur chiedere se le nostre delusioni non si leghino eccessivamente ad una visione narcisistica dell'amicizia, o ad una confortevole proiezione di aspettative che riponiamo nell'altro, delle quali non tutte saranno effettivamente legittime o sensate. Dobbiamo stare attenti circa la natura illusoria di tutti quegli investimenti affettivi che ricercano solamente una risonanza del nostro ego e delle sue rivendicazioni. Tuttavia neppure questo necessario processo di analisi, che normalmente ha bisogno di tempo e di sostegno per potersi sviluppare, può cancellare la severa verità, sottolineata molto spesso da circostanze traumatiche: solo chi mi ama mi può tradire.

La storia di Giuda, un amico di Gesù

Solo chi mi ama mi può tradire: questa affermazione costituisce, di per sé, uno scandalo difficile da abbracciare. Non riusciamo a osservarlo faccia a faccia, poiché la sua visione ci scoraggia. Forse ciò spiega il successo di versioni alternative di quella che è probabilmente la più emblematica storia di tradimento da parte di un amico: quella il cui protagonista è Giuda. Molto recentemente la pubblicazione di un testo gnostico antico intitolato *Vangelo di Giuda* ha riaperto il dibattito. Anziché come un traditore, Giuda è descritto come un discepolo obbediente, che esegue un ordine di Gesù stesso, che avrebbe avuto bisogno di questa collaborazione per consumare fino in fondo il suo progetto di salvezza. Senza il gesto di Giuda, Gesù non avrebbe potuto conquistare la sua Pasqua. Perciò lo stesso Gesù convince Giuda a consegnarlo: «Alza gli occhi ed osserva la nuvola luminosa e le stelle intorno. La stella che indica il cammino è la tua stella». La stessa idea la incontriamo nel celebre romanzo di Nikos Kazantzakis, *L'Ultima tentazione di Cristo* (1951). Secondo lo scrittore, il tradimento di Giuda non deve essere inteso come tale, ma come tappa necessaria della rivelazione del Salvatore. «Noi dobbiamo salvare il mondo. Aiutami» gli chiede, stranamente, Gesù. Sono invenzioni narrative che cercano di aggirare lo scandalo di cui abbiamo parlato. Anche noi avremo le nostre.

Il primissimo riferimento alla persona di Giuda lo troviamo in quella lista di dodici Discepoli che Gesù sceglie perché vivano prossimi a Lui (Mc 3,13-19; Mt 10,1-4; Lc 6,12-16). In ebraico Giuda significa «il prediletto». Così come Cefa (il nome di Pietro) significa «pietra». C'è chi vi vede una certo umorismo di Gesù, che chiama «pietra» un seguace così impaurito come è Pietro e ha come discepolo traditore uno che denomina «prediletto». Ma, senza mettere in causa il buonumore di Gesù (così meravigliosamente esplicito), dobbiamo pur dire che, in entrambi i casi, la verità dell'amore prevale largamente sull'ironia. E non possiamo avere dubbi: Gesù non scelse Giuda per nessun'altra ragione che non fosse l'amore.

Quanto all'origine del nome «Iscariota», coesistono anche in questo caso due spiegazioni che possono fornire entrambe una qualche luce su questo personaggio. La più convenzionale fa di Giuda *l'uomo di Qeriyyot (Ish-Qeriyyot) [Keriòt]*, piccolo centro della Giudea, situato nei dintorni di Hebron, che per due volte è citato nelle Sacre Scritture (Gs 15,25; Am 2,2). Probabilmente il prefisso *Ish*, che significa uomo, in ebraico, sottolinea qui la sua importanza sociale. In questo caso, sarebbe forse meglio tradurre Iscariota come *signore di Keriòt*, facendo così allusione ad uno statuto prominente. Questa provenienza sottolinea un dato importante: Giuda era l'unico discepolo originario della regione della Giudea, dal momento che gli altri undici erano della Galilea. Il nome «prediletto» non gli viene attribuito inutilmente.

L'altra spiegazione è quella che avvicina il termine «Iscariota» a «sicario», una delle denominazioni date agli zeloti, gruppo di ebrei fortemente nazionalisti che combattevano il potere romano per via armata. Giuda avrebbe fatto parte degli ambienti zeloti, prima di diventare seguace di Gesù, e avrebbe portato con sé questo sogno di liberazione politica. Sogno che avrebbe pertanto condizionato in seguito l'interpretazione che egli fa del cammino di Gesù.

Solo chi mi ama mi può tradire. Leggendo i Vangeli è impossibile non percepire che tipo di rottura profonda la persona e il messaggio di Gesù suscitarono. Ispirandosi a questi, Oscar Wilde ci offre questa testimonianza nel suo *De Profundis*: «Non ho nessuna difficoltà a credere che il suo incanto fosse sufficiente, anche in una breve apparizione, a portare pace alle anime afflitte o far sì che coloro che gli toccavano la tunica o le mani si dimenticassero delle loro sofferenze; o che al suo passaggio per la strada della vita riuscissero a vedere il suo mistero, chiaramente, anche coloro che fino ad allora non avevano visto nulla; [...] o che di fronte al suo insegnamento, sulle pendici del monte, la moltitudine si estraniasse dalla fame, dalla sete e dalle preoccupazioni del mondo; e che, a quegli amici che lo ascoltavano a tavola, i cibi grossolani sembrassero raffinate leccornie, e l'acqua acquisisse il sapore del buon vino, e la casa intera si riempisse dell'aroma e della dolcezza del nardo. Ma, assieme a questo tipo di entusiasmo, Gesù ha conosciuto opposizioni implacabili, tranelli di tutte le nature e anche attentati alla sua vita, come ci racconta Luca rispetto alla giornata nella Sinagoga della suo stesso paese, Nazareth: "All'udire queste cose, tutti nella sinagoga si riempirono di sdegno. Si alzarono e lo cacciarono fuori della città e lo condussero fin sul ciglio del monte, sul quale era costruita la loro città, per gettarlo giù" (Lc 4,28-29). Ma il testo evangelico prosegue: "Ma egli, passando in mezzo a loro, si mise in cammino" (Lc 4,30). In effetti, giammai gli oppositori di Gesù riuscirono a prenderlo o a imprigionarlo grazie a qualcuna delle loro furberie. Al contrario, gli stratagemmi gli si rovesciano contro, e cominciarono ad avere timore del popolo che lo considerava un profeta (cfr. Mt 21,46). Avevano davvero bisogno di un amico che riuscisse a tradirlo».

Che significa la parola amico?

Il tradimento di Giuda viene raccontato in modo diretto ed espressivo, come vedremo, ma forse il suo tratto più raffinato è il fatto che si consuma servendosi di un simbolo di amicizia. Il bacio sul viso era una pratica normale fra amici, come ancora oggi succede. Nella pura relazione maestro/discepolo era usuale invece baciare le mani al primo in segno di rispetto. Ma Gesù non è un maestro comune, anche nella forma con cui tratta i suoi discepoli. Ciò si può vedere nella scena della lavanda dei piedi, la cui eccentricità è raccontata molto bene attraverso la reazione stupefatta di Pietro: «Signore, tu lavi i piedi a me?» (Gv 13,6). Non è pertanto strano che Giuda baci il suo maestro. Ma è sorprendente che Gesù, pur conoscendo il significato di quel bacio, lo chiami ancora «Amico».

Giuda, con quell'atto, rivela che ormai non è più amico di Gesù. Gesù, tuttavia, lo chiama «Amico», non solo prima, ma anche nello stesso decorrere del tradimento. Come se l'amicizia di Gesù si protraesse fino alla fine e andasse anzi al di là della fine. Anche se Giuda traduce attraverso questa rottura violenta la sua incomprensione rispetto a Gesù, Gesù gli rimane fedele. Apprendiamo nei manuali scolastici la celebre massima attribuita al proconsole romano Servilio Scipione: «Roma non paga i traditori» (*Roma traditoribus non praemiat*). Gesù, però, lo chiama amico. Cosa significa la parola amico? Rainer Maria Rilke scrive: «Quasi tutto ciò che succede è inesprimibile e avviene in una regione in cui la parola non riesce mai ad arrivare». Cosa significa la parola amico? Penso alle parole di Lei Kristianson: «Non siamo mai davvero soli, quando si ha un amico. Un amico sta ad ascoltare quello che tu dici e cerca di comprendere ciò che non riesci a dire». In un difficile incontro fra amici, Gesù dice a uno di loro, Giuda, che egli non è solo, che lo sta ad ascoltare, che con lui condivide il suo destino, che si sente parte di Giuda e sente Giuda come parte di se stesso, che gli offre la sua vita rubata, che gli offre la vita, e, per questo, accetta il suo bacio.

Nei tre Vangeli sinottici, Gesù viene consegnato a causa di questo bacio. In Marco, Gesù non ha neppure il tempo di reagire: «E subito, mentre ancora egli parlava, arrivò Giuda, uno dei Dodici, e con lui una folla con spade e bastoni, mandata dai capi dei sacerdoti, dagli scribi e dagli anziani. Il traditore aveva dato loro un segno convenuto, dicendo: "Quello che bacerò, è lui; arrestatelo e conducetelo via sotto buona scorta". Appena giunto, gli si avvicinò e disse: "Rabbì" e lo baciò. Quelli gli misero le mani addosso e lo arrestarono» (Mc 14,43-46).

Nel racconto di Matteo troviamo invece questa dolorosa (e feconda) domanda, che non cessa mai di risuonare: «Amico, perché sei venuto?». «Mentre ancora egli parlava, ecco arrivare Giuda, uno dei Dodici, e con lui una grande folla con spade e bastoni, mandata dai capi dei sacerdoti e dagli anziani del popolo. Il traditore aveva dato loro un segno, dicendo: "Quello che bacerò, è lui; arrestatelo!". Subito si avvicinò a Gesù e disse: "Salve, Rabbì!". E lo baciò. E Gesù gli disse: "Amico, per questo sei qui!" [Amico, perché sei venuto?]. Allora si fecero avanti, misero le mani addosso a Gesù e lo arrestarono» (Mt 26,47-50).

In Luca siamo di fronte ad un elemento nuovo: l'indignazione per il fatto che lo stratagemma scelto sia passato per un bacio, proprio per un bacio! È come se lo scandalo raddoppiasse a causa di questa manipolazione non dovuta di una grammatica che serve all'espressione dell'amicizia e dell'affetto. «Mentre ancora egli parlava, ecco giungere una folla; colui che si chiamava Giuda, uno dei Dodici, li precedeva e si avvicinò a Gesù per baciarlo. Gesù gli disse: "Giuda, con un bacio tu tradisci il Figlio dell'uomo?"» (Lc 22,47-48).

Le ragioni di Giuda

Perché Giuda tradisce? Quando egli si era predisposto a seguire Gesù certamente in lui esisteva un certo idealismo, una convinzione e una verità. Lo scrittore Paul Claudel colloca queste parole nella bocca di Giuda: «Non si può dire che in me sia stato ciò che la gente chiama fuoco di paglia. E neppure che un entusiasmo puerile mi abbia trascinato, o un sentimento che non saprei come qualificare se non come "sentimentale". Era qualcosa di assolutamente serio, un interesse profondo. Volevo rendere tutto più chiaro, volevo sapere verso dove Egli andava». Possiamo credere che all'inizio esistesse questo desiderio di conoscenza profonda: «volevo sapere verso dove Egli andava». Il desiderio di verificare con i suoi stessi occhi, di coinvolgersi, era genuino. Poi, si accumularono mano a mano polveroni, imbarazzi, raffreddamenti, discordie. Ed entriamo dunque nel dibattito sulle ragioni storiche, che sono sempre molte, dalle mancanze del carattere alla rigidità delle convinzioni. Ma non solo. Gli stessi racconti evangelici che molto meditarono sul caso di Giuda, si sforzano anche questi di leggerlo come espressione del dramma che ci rimanda al mistero del male.

È attraverso il Vangelo di san Giovanni che scopriamo che Giuda era stato nominato come amministratore dei beni del gruppo, generando di conseguenza il sospetto circa la sua onestà: «Sei giorni prima della Pasqua, Gesù andò a Betània, dove si trovava Lazzaro, che egli aveva risuscitato dai morti. E qui fecero per lui una cena: Marta serviva e Lazzaro era uno dei commensali. Maria allora prese trecento grammi di profumo di puro nardo, assai prezioso, ne cosparse i piedi di Gesù, poi li asciugò con i suoi capelli, e tutta la casa si riempì dell'aroma di quel profumo. Allora Giuda Iscariota, uno dei suoi discepoli, che stava per tradirlo, disse: "Perché non si è venduto questo profumo per trecento denari e non si sono dati ai poveri?". Disse questo non perché gli importasse dei poveri, ma perché era un ladro e, siccome teneva la cassa, prendeva quello che vi mettevano dentro» (Gv 12,1-6). Potrebbe essere stata questa la ragione: Giuda, divorato dal desiderio di profitto, deviava a suo vantaggio il fondo comune del gruppo. Sappiamo bene come la forza di seduzione che è esercitata dal denaro può portare a molti tradimenti. La storia è ricolma di figli che, per questo motivo, si ergono contro i genitori, di fratelli che si mettono contro i loro fratelli, di amici di una vita intera che entrano in collisione. La domanda che Giuda, secondo la tradizione di Matteo, avrà fatto al Sinedrio, può in questo senso attestare la vertigine in cui egli era entrato: «Quanto volete darmi perché io ve lo consegni?» (Mt 26,15). Il Sinedrio fissò il compenso in 30 stateri d'argento, equivalenti a 120 denari romani, ossia la somma stabilita dalla Legge per la vita di uno schiavo.

Ma Giuda può aver agito come un «collaboratore della giustizia» anche per motivi ideologici, più che per la febbre dell'oro. Così come gli altri discepoli, egli era convinto che Gesù si stesse dirigendo a Gerusalemme per instaurare il Regno di Dio e il *Verus Israel*, sotto forma di un potere politico, a tal punto che le discussioni che fra loro intercorrevano riguardavano il posto che sarebbe toccato a ciascuno nel futuro governo (cfr. Lc 9,46 e Mc 10,35-40). Aspettativa questa che si rafforzò ulteriormente in seguito alla modalità con la quale Gesù scelse di entrare in Gerusalemme: a cavallo di un asino, secondo la profezia di Zaccaria (Zc 9,9: «Ecco, a te viene il tuo re. Egli è giusto e vittorioso, umile [povero], cavalca un asino») e accompagnato da acclamazioni messianiche da parte della moltitudine: «Benedetto colui che viene nel nome del Signore!» (Mt 21,9).

Ma, in seguito, il comportamento di Gesù a Gerusalemme è ostinatamente anti-trionfale. Egli rifiuta di affermare «in nome di quale autorità» agisce (cfr. Lc 20,8), evita di fare miracoli e si accontenta di insegnare solamente. Ebbene, sia i discepoli, sia la moltitudine, avevano visto molte più opere di Gesù in Galilea e si sentono in questo momento come se le loro aspettative fossero state *tradite*. Seguendo l'ipotesi secondo la quale Giuda è uno zelota, acceso dall'ideale nazionalista, possiamo anche ritenere che egli abbia digerito molto male quell'atteggiamento di Gesù a Gerusalemme. Prendendo le distanze dalla modalità del messianimo politico che lo circonda, Gesù si trasforma in un dubbio nel cuore di Giuda: se Egli non coincide con l'immagine che ci si aspetterebbe da un Messia, sarà dunque veramente il Messia? Giuda, in fondo, tradisce perché si sente tradito. È il tradimento di un tradimento a determinare il suo gesto. Che, da parte sua, tutto sia deciso durante l'Ultima Cena, evidenzia molto bene la densità dell'epilogo: quando, mentre spezza e distribuisce il pane, Gesù annuncia che accetta di vivere la sua morte come un dono, Giuda considera questa affermazione intollerabile. Egli non vuole un Messia che muore. E abbandona la sala. In una nota che è molto di più di un appunto cronologico, il Vangelo di Giovanni commenta: «Era notte [Si faceva notte]» (Gv 13,30).

Entrare nella notte

I testi evangelici parlano di quella notte. San Giovanni dice espressamente che «il diavolo aveva già messo in cuore a Giuda, figlio di Simone Iscariota, di tradirlo» (Gv 13,2) e, in modo analogo, si può leggere in san Luca (22,3): «Allora Satana entrò in Giuda, detto Iscariota, che era uno dei Dodici». La notte verso la quale il tradimento ci spinge è quella del mistero del male. Notte di divisione radicale, di perdita del soggetto, di invasione confusa della tenebra che fa di ciascuno di noi un gioco di passioni distruttive. I testi la descrivono in modo molto sobrio, senza spiegazioni. Dicono soltanto che una notte di questo genere esiste, che ci investe come una valanga, e che pur mantenendo la responsabilità personale dei nostri atti, noi agiamo dimenticandoci di quello che siamo. Come scrive Fernando Pessoa nella prima pagina del *Libro dell'Inquietudine*, «l'anima umana è un abisso oscuro... Per quanto ci spogliamo e ci vestiamo, non raggiungiamo mai la nudezza, perché la nudezza è un fenomeno dell'anima e non il fatto di togliersi il vestito... Tutto ciò che siamo è ciò che non siamo».

Nella mappatura del significato del tradimento siamo portati a considerare la sua struttura a triade.

Colui che tradisce vive una duplice appartenenza, falsando e falsandosi, in una insostenibile posizione intermedia fra due verità antagoniste che si confrontano. Il tradimento consiste nel permanere in modo premeditato in questo ambiguo sistema a tre, nel suo supposto beneficio, in cui nessuna verità si mantiene stabile, e in cui un relativismo generalizzato trionfa in balia degli opportunismi. Come dice Gesù, «Nessuno può servire due padroni, perché o odierà l'uno e amerà l'altro, oppure si affezionerà all'uno e disprezzerà l'altro» (Mt 6,24). È questa, in taluni casi, la nostra condizione. Papa Benedetto XVI commenta: «in effetti le possibilità della perversione del cuore umano sono innumerevoli. L'unico modo per combatterle consiste nel non coltivare una visione delle cose solamente individualista, autonomizzata, ma, al contrario, nel collocarci sempre, di nuovo, dalla parte di Gesù, accogliendo il suo punto di vista. Dobbiamo ricercare, giorno per giorno, la comunione piena con Lui».

Sono forse io, Signore?

Molte volte mi capita di pensare a quel fine pomeriggio in cui Gesù, seduto a tavola con i dodici discepoli, annuncia che uno di loro lo tradirà. E tutti cominciano a domandargli, ciascuno a sua volta: «Sono forse io, Signore?» (Mt 26,22). È una nostra tentazione concentrare su Giuda la possibilità del tradimento, tirandoci completamente fuori da una tale ipotesi. Si tratta di ciò che il filosofo René Girard chiama meccanismo del «capro espiatorio», che consiste nell'eleggere qualcuno affinché si faccia carico della nostra stessa violenza. Attribuiamo a questa entità il carattere di vittima alternativa e scarichiamo su di essa tutto ciò che non amiamo e che non vogliamo vedere in noi stessi. Il capro espiatorio serve per risolvere (in verità serve soltanto per rimandare) le nostre crisi interne. «Sono forse io, Signore?», domanda ciascun discepolo. E anche noi ce lo dobbiamo domandare.

XIX.
LADRONI FELICI IN PARADISO

La fiducia non vive di un'immagine statica o incarcerata dell'altro. Avere fiducia significa ammettere la possibilità del cambiamento, del cambio di direzione, della dislocazione, e, in un certo senso, anche del «tradimento». È chiaro che ogni volta che il tradimento si configura, esso sorprende e ferisce, esattamente perché accade all'interno di uno spazio di fiducia. Sempre a proposito dell'amicizia di Gesù e di Giuda, Charles Péguy scrive in *Il Mistero della Carità di Giovanna d'Arco*: «Poiché era figlio di Dio, Gesù sapeva tutto, / Il Salvatore sapeva che Giuda, l'amato, / Non lo avrebbe salvato, dandosi per intero. / Ed è allora che Gesù conosce la sofferenza infinita». Ma fondare l'amicizia nella fiducia non significa assicurarsi che non saremo mai delusi o che non deluderemo mai l'altro. Nessuna vita è esente da questa prova. In un certo modo, la fiducia e il tradimento coabitano. Sebbene in piani morali ed esistenziali ben diversi, sono un'espressione di umanità. Ciascuno di noi ha bisogno di fiducia, ma il patto dell'amicizia non può mai sfuggire alla turbolenza dei nostri limiti, delle nostre incoerenze, delle nostre debolezze. L'amicizia è un'esperienza che il perdono sostiene.

La nozione di tradimento appare in modo onnipresente nella vita psichica, in ciascuna delle tappe fondamentali della maturazione personale. Diventa quasi possibile descrivere la nostra evoluzione come una storia in cui successivamente occupiamo ora la posizione del traditore ora quella del tradito. Il primo fra tutti i «tradimenti» lo si sperimenta con la nascita, con la separazione forzata dal corpo materno. Siamo lanciati verso un'esteriorità che ci fa sentire senza protezione, come se, assieme al cordone ombelicale, si rompesse anche un legame affettivo che avrà bisogno di essere successivamente ricostituito. Il secondo tradimento è quello a cui si dà il nome di «tradimento edipico», nel momento in cui alimentiamo, in relazione ad uno dei genitori, un'esigenza di esclusività. «Chi preferisci, il papà o la mamma?» ci viene chiesto. E la risposta che diamo (o che taciamo), è vissuta con un senso di colpevolezza. Ci sentiamo male perché ci scopriamo a preferire uno dei nostri genitori, e poiché viviamo questa affinità come un'eliminazione simbolica dell'altro. Il terzo tradimento è quello che si dà con una differenziazione e una autonomia rispetto ai genitori, che si consuma fino ad arrivare alla soglia della nostra vita adulta. Sentiamo, o ci è dato sentire, che li tradiamo. Nella misura in cui diventiamo noi stessi, diventiamo anche altri, estranei, come se d'improvviso giungessimo da un altro pianeta o parlassimo una lingua sconosciuta. Ci sorprendiamo a scegliere un campo politico o una squadra di calcio diversi dai loro; cerchiamo per noi stessi compagnie che essi considerano inopportune o impossibili; ascoltiamo, ad alto volume, la musica che essi detestano... Tradiamo i loro sogni e le loro aspettative. La vita personale ci appare come un tradimento quando, in verità, essa non è altro che la vita.

Abbandonare la sua terra, abbandonare gli antichi maestri, alterare la forma di pensare e le sue abitudini... «Vai verso la terra che io ti indicherò», dice Dio ad Abramo (Gen 12,1). «Vieni! Seguimi!», dice Gesù (Mc 10,21). «La vita è una successione di inizi», spiegava san Gregorio Magno. In effetti, stiamo sempre per cominciare, per cominciarci. Ma proprio per questo non possiamo fuggire dall'insistere a lungo (e anche in modo doloroso) su una specie di fil di lama: nella nostra lealtà, saremo davvero leali o semplicemente conformisti e sottomessi?; nei nostri «tradimenti», stiamo davvero tradendo o semplicemente cambiamo, cerchiamo di vedere meglio, di essere veramente quello che siamo?; nell'esercizio dell'indipendenza personale, stiamo vivendo la nostra legittima libertà o stiamo solo affondando in una ingratitudine e in un egoismo nei confronti degli altri? È importante tenere con noi, serenamente, queste domande per farne un cammino.

Ciò che succede ai singoli individui, succede anche ai vari gruppi di appartenenza in cui ci collochiamo. E, chiaramente, succede anche nell'amicizia. Ci sono comunioni che corrono il rischio di affondare in una deriva narcisistica, perché perdono l'orizzonte dell'universale. Una mia amica afferma, con sapienza, che le madri che non sono altro che madri dei loro figli, non sono ancora madri. Essere padre, madre, fratello, amico: concetti, anche questi, che necessitano di acquisire un'accezione assoluta. Chi è padre di suo figlio è disposto ad estendere e praticare la paternità ogni volta in cui si rivela necessario, accogliendo, ascoltando, proteggendo. Chi è amico solo del suo amico, non si può dire che stia costruendo un mondo migliore. L'amicizia non si può confondere con una egoistica associazione di interessi, in cui tutto inizia e finisce nel claustrofobico benessere di una «società» che non ci fa investire nell'ampliamento della capacità di essere. L'autentica amicizia trasfigura e amplia la nostra umanità, ci fa acquisire competenze affettive, ci stimola ad aprire il circolo, a fare di più, ad essere migliori. L'amicizia ci sprona perfino a smontare la logica dell'inimicizia, secondo la sfida di Gesù: «Avete inteso che fu detto: *Amerai il tuo prossimo* e odierai il tuo nemico. Ma io vi dico: amate i vostri nemici e pregate per quelli che vi perseguitano, affinché siate figli del Padre vostro che è nei cieli; egli fa sorgere il suo sole sui cattivi e sui buoni» (Mt 5,43-45). Che tipo di perfezione è questa? Io posso solo dire che una delle sue concretizzazioni ci accade nella forma più semplice, e consiste in questo: non frenare il movimento continuo della vita. Costruire un maggior numero di piazze piuttosto che pareti; un maggior numero di tavole piuttosto che dispense; aprire, aprire, aprire. Può anche succedere che questo gesto di apertura sia denunciato come un tradimento degli interessi del gruppo. Ma, affinché ci manteniamo fedeli ad un nucleo più profondo di autenticità, dobbiamo interrogarci costantemente: «cosa significa tradire?». Non dimentichiamoci ciò che insegna Kierkegaard: l'unico vero tradimento è non aver voluto niente profondamente e autenticamente.

Molte volte sentiamo che Dio ci tradisce. Speravamo questo o quello, chiediamo, promettiamo, e le nostre mani si riempiono successivamente di un silenzio che non riusciamo a leggere. È una verità che le Sacre Scritture testimoniano: «Se siamo infedeli Lui [Dio] rimane fedele perché non può rinnegare se stesso» (2Tm 2,13). Ma non riusciamo sempre ad abbracciare con speranza i suoi silenzi.

La religiosità naturale dell'uomo ci riporta al divino attraverso la necessità: l'uomo ha bisogno di un Dio che gli sia utile, che eserciti un potere nel mondo, che lo protegga. Rapidamente, Dio si trasforma in un idolo, che serve a garantirci un funzionamento favorevole del grande sistema del mondo. Al contrario, la Bibbia ci indirizza verso la rivelazione di un Dio personale, e lo fa in un modo man mano più sorprendente (in certe occasioni, perfino scandalosamente sorprendente). Per esempio, il Dio che Gesù Cristo ci annuncia, ci aiuta non grazie ad una intelligenza magica o provvidenziale della sua onnipotenza, ma grazie alla sua paternità, grazie al dono del suo amore. Quando il fratello più vecchio, nella parabola del figliuol prodigo, rimprovera il padre poiché non gli ha mai offerto un capretto per fare festa assieme ai suoi amici (cfr. Lc 15,29), il padre gli spiega una cosa che spiega anche a noi: «Figlio, tu sei sempre con me, e tutto ciò che è mio è tuo» (Lc 15,31). La grande sfida della spiritualità cristiana si inscrive precisamente in questo cambiamento nell'atteggiamento, in questa conversione: più che quello che Dio ci dà, dobbiamo imparare a valorizzare la profondità e l'intensità della sua presenza:

«Tu sei sempre con me, e tutto ciò che è mio è tuo». Tutto si gioca in una relazione di gratuità, e non in un vai e vieni di interessi. È questa la differenza decisiva in relazione al quadro tradizionale del fenomeno religioso.

La stessa visione cristiana di Dio sembra presentarci un Dio inutile, un Dio rivelato nell'estremità dell'abbandono e della fragilità del suo Messia. Coloro che assistono alla crocifissione di Gesù, commentano: «Ha salvato altri e non può salvare se stesso! È il re d'Israele; scenda ora dalla croce e crederemo in lui» (Mt 27,42). È questa incapacità di «salvare se stesso» che ci fa sprofondare nel mistero divino manifestato in Gesù. Un testo del teologo Dietrich Bonhoeffer approfondisce questa intuizione in modo luminoso: «Non saremmo onesti se non riconoscessimo che viviamo nel mondo perfino come se Dio non esistesse». È necessario riconoscere davanti a Dio che «il Dio che è con noi è il Dio che ci abbandona ("Dio Mio, Dio Mio, perché mi hai abbandonato?", Mc 15,34). Il Dio che ci fa vivere nel mondo senza la possibilità di vedere Dio, è il Dio davanti al quale, o nel quale, noi ci troviamo costantemente. Il Dio inchiodato alla croce è il Dio impotente e debole nel mondo. E esattamente per questo, Egli è il Dio che è con noi e ci aiuta». Esiste un legame con Dio che nasce dall'accettazione della vulnerabilità attraverso la quale Egli si fa presenza nella storia. Ma solo con una conversione, ripeto, riusciamo a capirlo.

Forse Dio tradisce l'amicizia che ha nei nostri confronti, quando sembra che non venga incontro alle nostre aspettative? Nel suo *Diario*, uno dei testamenti spirituali più ispiratori del XX secolo, Etty

Hillesum ha scritto: «Mi è sempre più chiaro quello che dirò: Tu, oh Dio, non ci puoi aiutare, ma siamo noi che dobbiamo aiutarti, e, aiutandoti, aiuteremo noi stessi. [...] Sì, mio Dio, quanto alle circostanze... è evidente che fanno parte, indissolubilmente, di questa vita. E neanche per questo appello alla tua responsabilità; sei Tu che più tardi potrai appellare alla nostra responsabilità. E, quasi ad ogni battito del cuore, ciò mi si configura sempre più nitido: Tu non ci puoi aiutare, siamo noi che dobbiamo aiutarti e la dimora dove, in noi, Tu risiedi, deve essere difesa fino all'ultimo».

Accettare le nostre lacrime

Una cosa è intendere la fiducia, nell'amicizia, come un abbandono magico alla benevolenza o alla protezione dell'altro; si tratta di uno stadio insufficiente che siamo chiamati a trascendere. Altra cosa, più adulta spiritualmente, è comprendere che la vulnerabilità integra il dinamismo della fiducia stessa. La vita è polifonica, è un orizzonte di molteplici transiti, molti dei quali non finiti e imperfetti, è un traffico di incontri e rincontri, di ferite e di ricostruzioni. Le amicizie più forti sono quelle che accettano i loro cammini fragili, le loro umili cuciture.

La costruzione della fiducia deve necessariamente passare dall'apprendimento e dall'accettazione delle nostre lacrime. In questo senso la figura di san Pietro ci può servire come specchio interiore. Così come Giuda, anche Pietro tradisce Gesù. E così come Giuda, anch'egli se ne pente. Ma manca a Giuda la fiducia nel perdono, nella misericordia: gli manca la capacità di mettere le sue lacrime davanti a Gesù. Molte volte, nell'amicizia, è solo questo che ci manca. Ricordiamo le pagine del Vangelo di san Luca: «Dopo averlo catturato, lo condussero via e lo fecero entrare nella casa del sommo sacerdote. Pietro lo seguiva da lontano. Avevano acceso un fuoco in mezzo al cortile e si erano seduti attorno; anche Pietro sedette in mezzo a loro. Una giovane serva lo vide seduto vicino al fuoco e, guardandolo attentamente, disse: "Anche questi era con lui". Ma egli negò dicendo: "O donna, non lo conosco!". Poco dopo un altro lo vide e disse: "Anche tu sei uno di loro!". Ma Pietro rispose: "O uomo, non lo sono!". Passata circa un'ora, un altro insisteva: "In verità, anche questi era con lui; infatti è Galileo". Ma Pietro disse: "O uomo, non so quello che dici". E in quell'istante, mentre ancora parlava, un gallo cantò. Allora il Signore si voltò e fissò lo sguardo su Pietro, e Pietro si ricordò della parola che il Signore gli aveva detto: "Prima che il gallo canti, oggi mi rinnegherai tre volte". E, uscito fuori, pianse amaramente» (Lc 22.54-62). La parola chiave che è leva del cambiamento nel cuore di Pietro è il ricordo della Parola del Signore. Ricordare significa intraprendere un movimento interno di grande portata simbolica. Ricordare è viaggiare dentro se stessi. È un ritorno alla reciprocità, ricollocandosi di fronte al volto, risvegliare il fondo addormentato di un'amicizia essenziale. Tornare alla Parola di Gesù significa, per Pietro, un autentico ritorno a Gesù e a se stesso. Insegnava Isacco di Ninive: «Fortunato l'uomo che riconosce la sua stessa debolezza. Fortunato colui che dice: io sono un infelice, un miserabile, un povero, un cieco, un muto. Poiché colui che riconosce i suoi peccati è più grande di colui che resuscita morti attraverso la preghiera. Colui che piange un'ora sui suoi peccati è più grande di colui che si colloca al servizio del mondo intero. Colui che è stato giudicato degno di vedersi nella sua stessa verità è più grande di colui cui è stato concesso di vedere gli angeli».

Ricordo il commovente quadro di El Greco che raffigura il pianto di Pietro, tema che era praticamente inesistente nella pittura cristiana fino al XVI secolo, e che il pittore aiuta a diffondere. In questa rappresentazione, l'elemento principale che cattura la nostra attenzione è il volto umanissimo dell'Apostolo pentito. Pietro, semplicemente, alza il suo sguardo, uno sguardo spoglio e povero come una preghiera, uno sguardo che espone la fragilità senza nessun mascheramento o tentativo di discolpa, uno sguardo che finalmente accetta di piangere tutte le sue lacrime. Ma, alla sinistra dello spazio in cui Pietro è collocato, sullo sfondo, El Greco dipinge due piccole figure, con tratti che evocano la luce dell'aurora. Chi sono queste due figure quasi invisibili, ma così importanti per la lettura teologica della scena? Una è Maria Maddalena che cammina verso il sepolcro con un vaso di profumo; l'altra è un angelo dalle vesti splendide, l'angelo incaricato di annunciare la resurrezione. Allora capiamo che siamo nella mattina della Pasqua. Maddalena si trova nel quadro perché ha in comune con Pietro (e con noi) una storia di tradimento e conversione. Ella è la peccatrice che diventa discepola di Gesù e che finisce per essere il primo testimone della Pasqua. Pietro e Maddalena ci aiutano a vedere come nella storia della nostra amicizia con Gesù, nella storia delle nostre amicizie, il vero ostacolo non è costituito dal tradimento. Questo può anzi essere un modo violento per svegliarci, e costituire così l'opportunità che il nostro cuore sia ricostituito da una maggiore grazia. Il vero ostacolo è quello di mantenersi nella banalità e nel mero formalismo, fare finta, non attraversare mai la porta verso l'interno, vivere tutto in superficie, non essere né caldi ne freddi, rifuggire qualsiasi forma di compromesso più impegnativo, fuggire continuamente da noi stessi, preferire il simulacro alla dolorosa (e gioiosa!) autenticità. Scrive André Louf: «La santità non si incontra in un luogo diverso dalla debolezza o dalla tentazione, ma anzi proprio all'interno di questa debolezza e di questa tentazione. Essa non ci attende solo nel momento in cui superiamo la nostra debolezza, ma nel momento stesso in cui siamo deboli, è allora che più ci approssimiamo alla santità».

Apprendiamo meglio a superare il tradimento nel cammino dell'amicizia quando lavoriamo tenacemente nel tentativo di non tradire noi stessi. Sono di un grande realismo le parole di Arno Gruen che aprono la sua opera *Il Tradimento dell'Io. La paura dell'autonomia nell'uomo e nella donna*: «Lo sviluppo umano offre due alternative, quella dell'*amore* e quella del *potere*. La via del potere, soggiacente alla maggior parte delle culture, conduce ad un Io che riflette l'ideologia del dominio. Un Io di questo tipo poggia su di uno stato di frammentazione, più concretamente su quella scissione dell'Io che respinge la sofferenza e lo smarrimento come segnali di debolezza e, allo stesso tempo, mette in rilievo il potere e il dominio come strumenti che servono a negare lo smarrimento. L'ottenimento di ciò che nella nostra civiltà è ritenuto un "successo", presuppone un io che sia così costituito. Una tale situazione rappresenta l'antitesi dell'autonomia». Noi diremmo che rappresenta anche l'antitesi dell'amicizia.

Ladroni felici in paradiso

Mi vengono in mente due film sull'amicizia. Si tratta di due storie molto distinte: uno è quasi una fiaba, l'altro è praticamente un documentario storico, ma entrambi si ergono alla condizione di parabole. Non raccontano soltanto se stessi, ma ci raccontano, esprimono ciò che la nostra vita è o può essere.

Il primo è *E.T. – The Extra-Terrestrial*, film che Steven Spielberg ha presentato nel 1982. Racconta la storia di un alieno che si perde negli spazi siderali e diventa amico di un terrestre, il piccolo Elliot. Elliot accoglie E.T. nella sua casa e, poco a poco, impara a scoprire il compagno, sensibile e provvisto di buonumore, che si nasconde dietro quel volto particolarmente strano. Come tutti gli amici, imparano entrambi a ridere delle piccole ragazzate, possiedono cose che sono solo loro, si aiutano. Quando E.T. si spaventa a causa di un ombrello, Elliot freme e fa cadere tutte le cibarie del frigorifero. Quando Mary legge *Peter Pan* a Gertie, Elliott e E.T. ascoltano la storia nascosti nell'armadio. Quando per disattenzione Elliott si taglia un dito, è E.T., usando a tal fine il suo stesso dito illuminato, che lo cura. La scena finale rappresenta un miracolo, di quei miracoli che l'amicizia è capace di accendere. Tutti i possibili cammini umani vengono bloccati, e all'improvviso sembra che non ci sia più modo di salvare E.T. dalle mani dei persecutori. È allora che inaspettatamente la bicicletta di Elliot comincia a sollevarsi nello spazio come una cometa in viaggio. «Io sarò sempre qui» ha ancora tempo di dire E.T. indicando il cuore di Elliot. Come molte storie infantili, il film vuole cercare di far riflettere noi adulti.

L'altro film è di Xavier Beauvois, *Uomini di Dio* (2010), che ha contribuito a divulgare presso il grande pubblico la storia di sette monaci trappisti del Monastero della Nostra Signora del Monte Atlas (Notre-Dame de l'Atlas), nel piccolo paese di Tibhirine in Algeria. La testimonianza offerta da questi monaci cristiani è quella dell'amicizia: amicizia nei confronti della comunità mussulmana che circonda il monastero, e amicizia nei confronti del futuro di Dio. Essi furono sequestrati e poi assassinati, nel 1996. Ma la verità è che la loro vita era stata già da molto tempo offerta.

Christian de Chergé, francese, di 59 anni, era il priore della comunità. Proveniva da una famiglia di militari, aveva conosciuto l'Algeria per la prima volta durante l'infanzia e, in seguito, nei 27 mesi in cui compie il servizio militare, in piena guerra d'indipendenza. E avviene allora un fatto che avrebbe segnato il suo percorso successivo: la sua vita viene salvata da un amico mussulmano. Nel 1971 sarebbe tornato in Algeria, ma questa volta come monaco. Ed è lui che scrive, a titolo personale, l'impressionante «testamento» di quella piccola e profetica comunità.

«Se un giorno mi succedesse – ed è una cosa che potrebbe succedere oggi – di essere vittima del terrorismo che pare ormai voler colpire tutti gli stranieri che vivono in Algeria, vorrei che la mia comunità, la mia Chiesa, la mia famiglia si ricordassero che la mia vita era già CONSEGNATA a Dio e a questo paese. Vorrei che sapessero che l'Unico Maestro di tutta una vita non mi abbandonerebbe in questa brutale partenza» [...].

«Io non desidero questo tipo di morte. Mi pare importante dirlo. Non vedo, in effetti, come potrebbe farmi gioire il fatto che questo popolo che amo fosse accusato indiscriminatamente a causa del mio assassinio» [...].

«L'Algeria e l'Islam per me sono un'altra cosa, sono un corpo e un'anima. L'ho detto con sufficiente frequenza, io credo, nella piena conoscenza di ciò che ho ricevuto, incontrandovi tante volte quel filo conduttore del Vangelo appreso nel grembo di mia madre, la mia prima Chiesa, precisamente in Algeria» [...].

«Per questa mia vita perduta, totalmente mia e totalmente Sua, rendo grazie a Dio che sembra averla voluta interamente destinata all'allegria, nonostante tutto. In questo "grazie", in cui si dice tutto, ora, della mia vita, io certamente includo gli amici di ieri e di oggi, e voi, miei amici di qui, dalla parte di mia madre e dalla parte di mio padre, delle mie sorelle e dei miei fratelli e dei loro, quel centuplo dato, come promesso! E anche a te, amico mio dell'ultimo istante, che non sapevi cosa stavi facendo. Sì, anche per te io desidero questo "grazie", e questo "A-Dio" faccia a faccia. E che ci possiamo incontrare, ladroni felici, in Paradiso...».

XX. LA SOLITUDINE E IL SILENZIO

La solitudine che duole è quella involontaria, determinata, la maggior parte delle volte, da una incomunicabilità affettiva. Non abbiamo nessuno a cui raccontare la vita, a cui confidare un segreto. Non accogliamo più la storia di nessuno. Essere soli è diverso dallo stare soli. Tutti siamo soli, ma rimanere da soli è la consumazione, anche quando temporanea, di un taglio netto. Finiamo per vivere in una bolla insonorizzata, sempre più isolati. Il peso della vita, per così dire, ci sotterra. Tutto ci pare ormai stranamente uguale e senza valore. Sembra che nel mondo non esista più nessuna cosa che ci si imponga; e ci convinciamo che non abbiamo bisogno di niente che gli altri ci possano offrire. Come se fossimo entrati in un piano inclinato, anche quelle stesse abitudini minime che segnalavano una qualche speranza – salutare un vicino o uno sconosciuto, attraversare il giardino... – ci costano sempre più sforzi e siamo sicuri che man mano li faremo scomparire del tutto. È evidente che a questo stato soggiace una smisurata inquietudine. Scrive Ionesco, in uno dei suoi romanzi: «Per giorni e giorni andavo in un vai e vieni dalla porta alla finestra e dalla finestra alla porta, senza riuscire a fermarmi. Non era angoscia, era tedio, un tedio materiale, un tedio fisico: né muovermi, né rimanere seduto o in piedi. Tutto rappresentava sofferenza, tutto era cancrena dell'anima... Non riuscivo a sopportare la solitudine».

È curioso il commento che lo scrittore Paul Auster fa al libro biblico di Giona. Secondo lui quel piccolo libro, l'unico scritto in terza persona, come se l'«io» avesse definitivamente perduto se stesso, «è la più drammatica storia di solitudine di tutta la Bibbia». Giona affondò nel nerume della solitudine: prima nel ventre della nave, quando fuggiva da Dio, poi nel ventre della balena, quando fuggiva da se stesso. «Le acque mi hanno sommerso fino alla gola, l'abisso mi ha avvolto, l'alga si è avvinta al mio capo. Sono sceso alle radici dei monti, la terra ha chiuso le sue spranghe dietro a me per sempre» (Gio 2,6-7). Ma nonostante ciò la solitudine di Giona non è assoluta. Egli si volge a Dio come chi si rivolge ad un amico: «Nella mia angoscia ho invocato il Signore ed egli mi ha risposto; dal profondo degli inferi ho gridato e tu hai ascoltato la mia voce» (Gio 2,3). La storia di Giona dimostra che l'amicizia è una solitudine sconfitta.

Spazio per la caduta e spazio per il passo

La solitudine possiede una sorta di significato ambivalente. Può nominare sia un'esperienza di labirinto, di umiliazione e assenza estrema, sia costituire l'*habitat* che viene cercato per un incontro più profondo con se stessi, con gli altri, con Dio. La solitudine non è forse, anch'essa, una porta? Non è forse vero che, in certe occasioni, è nel più silenzioso isolamento che ci è rivelata una visione inattesa? San Giovanni della Croce usa, in una poesia, la categoria della «solitudine sonora»: «La notte tranquilla, / Vicina allo spuntare dell'aurora; / La musica taciuta, / La solitudine sonora, / La cena che ricrea e innamora» (*Cantico Spirituale*, XV). La solitudine ci rivela la forma della notte come un ascolto, ci rivela la notte come una pratica di ascolto, e ci suggerisce che la solitudine è tattile, ci permette di accedere ad una presenza «che innamora». Lo stesso san Giovanni spiega: «Questa è la solitudine sonora che l'anima qui conosce, come abbiamo spiegato, e consiste nella testimonianza di Dio, che tutte le cose offrono in se stesse. E poiché l'anima non percepisce questa musica sonora senza la solitudine e l'allontanamento da tutte le cose esteriori, le dà il nome di musica taciuta e solitudine sonora, che, per lei, è l'Amato stesso». La solitudine può essere, in questo senso, spazio della caduta o spazio del passo.

Una specie di pedagogia del silenzio

La percezione spirituale del silenzio, che la Bibbia propone, agisce, prevalentamente, in chiave positiva. Il profeta Elia percepisce la presenza di Dio non certo nella confusione dell'uragano, che si impone con immediatezza, ma nel mormorio lieve e silenzioso di una brezza (cfr. 1Re 19,11-12) per percepire la quale è necessario tendere l'orecchio. Alla sfida di Dio, «Chiedimi ciò che vuoi» (1Re 3,5), Salomone risponde: «Concedi al tuo servo un cuore docile [in ascolto]» (1Re 3,9). I libri sapienziali costruiscono, attraverso il silenzio, un cammino per la mistagogia (entrare progressivo nel mistero). Chi legge il libro dell'Ecclesiaste impara il silenzio come prudenza:

«[C'è] un tempo per tacere e un tempo per parlare» (Qo 3,7). «Il tuo cuore non si affretti a proferire parole» (Qo 5,1), si consiglia in un altro passaggio. Su una stessa linea i libri dei Proverbi: «Nel molto parlare non manca la colpa, chi frena le labbra è saggio [un uomo prudente]» (Pr 10,19). Lo stesso Giobbe tace, alla fine, dinanzi a Dio: «Ecco, non conto niente [ho parlato con leggerezza]: che cosa ti posso rispondere? Mi metto la mano sulla bocca. Ho parlato una volta, ma non replicherò, due volte ho parlato, ma non continuerò» (Gb 40,4-5).

Il silenzio di Gesù ha inizio con la cosiddetta «vita occulta», quella che precede la sua attività messianica; si esplicita nell'itinerario di Gesù lungo deserti e solitudini; e si concentra in modo speciale nel teatro della sua passione. Gesù attraversa in silenzio il complesso processo giudiziario che lo condanna, tanto che i primi testi cristiani stabiliscono un parallelo fra questa vicenda e il personaggio del Giusto sofferente di Isaia: «Maltrattato, si lasciò umiliare e non aprì la sua bocca; era come agnello condotto al macello, come pecora muta di fronte ai suoi tosatori, e non aprì la sua bocca» (Is 53,7). Gesù tace di fronte al Sommo Sacerdote che lo interroga (cfr. Mt 26,62-63); di fronte ad Erode (cfr. Gv 19,9). Questo silenzio è quello della vittima. Ma è anche il silenzio dell'abbandono fiducioso, al di là di qualsiasi evidenza, contro qualsiasi speranza. È così che la vita di Dio si intesse in noi.

Il silenzio nella tradizione cristiana

Se consideriamo i Padri della Chiesa, è molto rilevante il modo con cui Gregorio Nazianzeno († 390) si riferisce al silenzio. Per Gregorio, il silenzio è superiore al deserto e al digiuno: «Tu cerchi il deserto e il digiuno, io il silenzio». Ancor più di un'ascesi, il silenzio costituisce un dono che è urgente chiedere e accogliere. In un inno per il giorno della Pasqua, mettendo fine ad un silenzio assoluto che si era imposto durante la Quaresima, egli canta: «Oggi faccio sentire la mia voce; schiudo le mie labbra che il silenzio aveva serrato e Tu incontri in me una cetra preparata per suonare». Il silenzio ci prepara a quella musica che senza di esso non potrebbe librarsi. Lo Pseudo-Dionigi, teologo e filosofo neoplatonico, verso la fine del V secolo, inizi del VI, svolgerà la dimensione mitica del silenzio. Ascoltiamolo: «Osiamo negare tutto circa Dio per poter arrivare a questo sublime sconosciuto che ci è occultato da tutto ciò che conosciamo sul resto degli esseri, per poter contemplare questa oscurità soprannaturale che viene occultata al nostro sguardo dalla luce». O anche: «Oh Trinità..., Tu che presiedi alla divina sapienza cristiana, conducici non solo al di là di tutta la luce, ma anche al di là dello sconosciuto, fino alla più alta vetta delle Scritture mistiche, dove i misteri semplici, assoluti e incorruttibili della divinità si rivelano nelle Tenebre più che luminose del Silenzio. È nel silenzio, a tutti gli effetti, che si conoscono i segreti di queste Tenebre... che brilla con luce più luminosa nel seno della più nera delle oscurità...».

Possiamo affermare che il filo del silenzio non si può spezzare, sebbene esso ci paia oggi inudibile. Fra i Padri latini, san Girolamo si spinge a dire che il monaco si riconosce per il suo silenzio, non per la sua parola. Per Ambrogio, il silenzio è indispensabile se vogliamo «serbare il segreto del Re Eterno». Agostino affermava che l'autentica preghiera è quella del cuore, nel silenzio. Incontriamo nelle *Confessioni* un passo veramente straordinario, l'estasi di Ostia, che avviene in compagnia di Monica, sua madre. È un'ascesa di ordine mistico che impone il silenzio, oltre che alla carne, alla terra e ai cieli, alla stessa anima, per ascoltare il Verbo di Dio oltre le parole (IX, 10,23-24): «All'avvicinarsi del giorno in cui doveva uscire da questa vita, giorno a te noto, ignoto a noi, accadde, per opera tua, io credo, secondo i tuoi misteriosi ordinamenti, che ci trovassimo lei ed io soli, appoggiati a una finestra prospiciente il giardino della casa che ci ospitava, là, presso Ostia Tiberina, lontani dai rumori della folla, intenti a ristorarci dalla fatica di un lungo viaggio in vista della traversata del mare. Conversavamo, dunque, soli con grande dolcezza. Dimentichi delle cose passate e protesi verso quelle che stanno innanzi, cercavamo fra noi alla presenza della verità, che sei tu, quale sarebbe stata la vita eterna dei santi, che occhio non vide, orecchio non udì, né sorse in cuore d'uomo. Aprivamo avidamente la bocca del cuore al getto superno della tua fonte, la fonte della vita, che è presso di te, per esserne irrorati secondo il nostro potere e quindi concepire in qualche modo una realtà così alta. Condotto il discorso a questa conclusione: che di fronte alla giocondità di quella vita il piacere dei sensi fisici, per quanto grande e nella più grande luce corporea, non ne sostiene il paragone, anzi neppure la menzione; elevandoci con più ardente impeto d'amore verso l'Essere stesso, percorremmo su su tutte le cose corporee e il cielo medesimo, onde il sole e la luna e le stelle brillano sulla terra. E ancora ascendendo in noi stessi con la considerazione, l'esaltazione, l'ammirazione delle tue opere, giungemmo alle nostre anime e anch'esse superammo per attingere la plaga dell'abbondanza inesauribile, ove pasci Israele in eterno col pascolo della verità, ove la vita è la Sapienza, per cui si fanno tutte le cose presenti e che furono e che saranno, mentre essa non si fa, ma tale è oggi quale fu e quale sempre sarà; o meglio, l'essere passato e l'essere futuro non sono in lei, ma solo l'essere, in quanto eterna, poiché l'essere passato e l'essere futuro non è l'eterno. E mentre ne parlavamo e anelavamo verso di lei, la cogliemmo un poco con lo slancio totale della mente, e sospirando vi lasciammo avvinte le primizie dello spirito, per ridiscendere al suono vuoto delle nostre bocche, ove la parola ha principio e fine. E cos'è simile alla tua Parola, il nostro Signore, stabile in se stesso senza vecchiaia e rinnovatore di ogni cosa?».

La scuola del silenzio

La vita monastica fa del silenzio una condizione dell'esistenza e un accompagnamento necessario alla via spirituale. «Chi non si fa solitario non può essere silenzioso; chi non si fa silenzioso non può capire Colui che parla. Che la terra della mia anima taccia con la vostra presenza, Signore, affinché io intenda ciò che dice in me il Signore mio Dio. Perché le parole che mormorate non possono essere sentite se non in un profondo silenzio» riferisce la tradizione certosina. E ciò vale tanto per la conoscenza di se stessi, come per quella degli altri e di Dio.

I Padri del Deserto fecero del silenzio una cultura. Cultura religiosa e di preghiera, Evagrio testimoniava il silenzio come preghiera: «Che la tua lingua non pronunci nessuna parola quando ti predisponi alla preghiera». Cultura di maturazione del soggetto, il consiglio di Arsenio era questo: «Fuggi. Taci. Mantieniti in raccoglimento». Cultura del mondo, Poemen garantiva: «Se sarai veramente silenzioso, in qualsiasi luogo in cui sarai, incontrerai riposo». Cultura dello stare, Agatone per tre anni tenne dei sassi in bocca, non per diventare un oratore, come Demostene, ma per imparare a tacere. Cultura dell'ospitalità, Pambo, per esempio, riceve, senza proferire un'unica parola, il patriarca Teofilo. E poi spiega: «Se egli non sarà accolto dal mio silenzio, non sarà certo accolto dalla mia parola».

Alla stessa maniera la mistica renana, con il Maestro Eckhart, e tutta la mistica successiva, fino ad oggi, insegna in molti sensi il silenzio come fonte di senso. Eckhart ci ordina di cercare dei maestri che ci insegnino il silenzio, ordine che possiamo eseguire individualmente o in comunità: «Una persona che ha dominato la sua vita vale più di mille persone che hanno dominato solo il contenuto dei libri. Nessuno può ottenere nulla dalla vita senza Dio. Se fossi alla ricerca di un maestro per imparare, dovrei andare a Parigi o frequentare le facoltà in cui si fanno i più alti studi. Ma se quello che mi interessa è la perfezione della vita, essi non potranno informarmi su niente. Dunque, dove dovrò andare? Da qualcuno che abbia una natura pura e libera, e in nessun altro luogo: in lui incontrerò risposta a ciò che così ansiosamente sto cercando. La perfezione dipende solamente dal saper accogliere la povertà, la miseria, le durezze, le delusioni e tutto ciò che si contiene nel percorso di una vita, liberamente, avidamente fino alla morte, come se una persona fosse preparata a tal cosa. In silenzio, senza domandare perché».

Chi sa usare il silenzio, sa usare il tempo

Il filosofo Blaise Pascal affermava che tutta l'infelicità umana proviene da un'unica cosa: dal fatto che non sappiamo rimanere fermi in un luogo. Ma non è solo la quiete che si è trasformata oggi in una virtù fuori moda. Anche noi ci trasformiamo in una sorta di «malati del tempo». Sembra quasi che dobbiamo vivere sette vite in un unico giorno, affannati, ansiosi, insonni, senza mai riuscire ad incontrarci. Non ci basta più uno svolgimento sereno del tempo. Dagli orari di lavoro dilatati alle sollecitazioni di una comunicazione praticamente ininterrotta, entriamo in un circuito avido di attenzione, attività e consumo. «Sbrigati, sbrigati!». È l'ordine di una voce che ci imprigiona e il cui volto non conosciamo. «Sbrigati. Ma per cosa?». Probabilmente se dovessimo spiegare le ragioni dei nostri traffici vertiginosi non sapremmo cosa rispondere. E preferiamo fuggire anche da ciò, da questo vuoto di risposte.

Chi ci ruba il tempo? Un ricercatore americano, il sociologo Alec Mackenzie, si è divertito a costruire una lista di «ladri del tempo» e arriva alla conclusione che i più pericolosi sono quelli interiori, quelli che noi stessi incorporiamo. È ovvio che esiste una quantità impressionante di «ladri esterni»: la modalità superficiale con cui ci interrompiamo gli uni gli altri con trivialità; le telefonate che piovono continuamente e si prolungano per un niente; i compromessi e gli obblighi sociali meramente artificiali; le riunioni senza una agenda predisposta al fine di obiettivi concreti... Ma i «ladri» più devastanti sono quelli che agiscono dentro di noi quando, ad esempio, le nostre stesse priorità sono confuse e fluttuanti; quando siamo incapaci di tracciare un piano giornaliero o mensile a cui essere fedeli; quando le responsabilità sono mal distribuite e resistiamo alla delega; quando non riusciamo a dire no, con semplicità; quando ci lasciamo prendere da una valanga di confusione e disordine o ci capita il problema contrario: un perfezionismo idealizzato che ci lascia paralizzati.

La conquista di un ritmo umano per la vita non avviene d'improvviso, né procede grazie a ricette da quattro soldi. Anche in questo caso ci troviamo di fronte ad un cammino di trasformazione che ciascuno deve fare e ci richiede una verità, un apprendistato e la rinuncia. La prima rinuncia è quella relativa all'ossessione di onnipotenza. Dobbiamo avere il coraggio di riconoscere e accettare i limiti, di chiedere più spesso aiuto, e dire «per oggi basta», senza quel sentimento di colpa che ci martella. L'insicurezza provocata da quella velocità che regola tutto, ci porta ad aver paura di spegnere la luce, o di mettere a posto le carte per continuare l'indomani. Abbiamo bisogno, d'altro canto, di imparare a pianificare con saggezza il giorno per giorno, distribuendo le attività per gerarchie, e per concentrare meglio la nostra disponibilità. Abbiamo bisogno di imparare a razionalizzare e a semplificare, soprattutto quei compiti che possono essere previsti o si ripetono. E guadagnare così tempo per riscoprire quei piaceri semplici cui solo la lentezza e il silenzio ci fanno accedere. Sono così belli certi istanti di raccoglimento e di pausa in cui il nostro sguardo o il nostro passo si dislocano senza ragione apparente, in una gratuità che soltanto scintilla, riaccesa!

Gli amici sono maestri del silenzio

Il silenzio è uno strumento dell'amicizia. Sembra che per anni il compositore John Cage abbia sondato la possibilità di un'opera senza suoni, ma era bloccato da due cose: il dubbio circa il fatto che un obiettivo di questo tipo poteva essere destinato fin dal principio al fallimento, perché tutto è suono; e la convinzione che una composizione del genere sarebbe stata incomprensibile nello spazio mentale della cultura dell'Occidente. Fu tuttavia incoraggiato dalle esperienze che si producevano nell'ambito delle arti visuali, soprattutto dal lavoro di un grande amico, il pittore Robert Rauschenberg. In particolar modo lo affascinarono i suoi quadri della serie bianco-su-bianco. Così, nell'Agosto del 1952, si assiste alla prima della sua opera *4'33"*. La proposta di John Cage, interpretata per l'occasione dal pianista David Tudor, era completamente insolita: i musicisti dovevano salire sul palco, salutare il pubblico, sedere allo strumento e rimanere in silenzio durante quattro minuti e trentatré secondi, finché, di nuovo, si alzavano, ringraziavano la platea e uscivano di scena. Durante la prima esecuzione si scatenò una polemica e piovvero i fischi. Ma lungo tutta la sua vita, John Cage si riferì a quell'opera con una sentita reverenza: «la mia opera più importante è quella silenziosa; non c'è un unico giorno in cui non me ne serva per la mia vita e per tutto ciò che faccio. Me ne sovvengo sempre, ogni volta che devo scrivere una nuova opera».

XXI. MOLTE VOLTE PRENDIAMO CONGEDO GLI UNI DAGLI ALTRI

Il congedo è forse la parte più difficile dell'amicizia. Non si può dire poi molto. Credo che impariamo lentamente, a volte con grande sforzo, a volte più serenamente, ed entrambi gli atteggiamenti sono giusti. Ho imparato qualcosa sull'arte del congedo con il poeta Tonino Guerra e sua moglie. Sembra che sia una tradizione russa (o, almeno, essi la spiegavano così). Prima di partire, rimanevamo assieme alcuni istanti in puro silenzio. E poi ci salutavamo in modo leggero, quasi allegro, come se non stessimo realmente per assentarci. Ma quegli istanti di silenzio avevano legato i nostri cuori con una forza che poche parole avrebbero avuto. Quando nei congedi della vita ci pare che sia rimasta, inevitabilmente, qualcosa da dire, o quasi tutto ancora da dire, è bene pensare a ciò che il silenzio ha detto, lungo il tempo, da cuore a cuore. Forse ciò che di più significativo siamo capaci di condividere al mondo non incontra un linguaggio migliore del silenzio.

Anche quando crediamo che non ci stiamo congedando, la verità è che in fondo ci congediamo molte volte. Ciò è meraviglioso. La vita ci ha fatto dono di ciò. Esserci visti, gli uni gli altri, partire e fare ritorno, dire addio e salve con la certezza che niente si interrompe, tornare a sentire mille volte la voce di coloro che amiamo, prolungando così lo straordinario, l'interminabile incontro.

Il dolore della separazione

Il dolore della separazione è più grande di qualsiasi parola, ma le parole in un certo senso ci sorreggono mentre alcuni addii liberano il loro vuoto lentamente. Sono il fragile corrimano di corda che ci difende quando sentiamo mancarci la terra sotto i piedi.

Una delle più belle elegie dell'amicizia, in cui l'intero dramma della perdita è spiegato, è quella che Davide, re e poeta, dedica a Giònata (2Sm 1,19-20.25-26):

«Il tuo vanto, Israele, [Il fiore di Israele]
sulle tue alture giace trafitto!
Perché sono caduti gli eroi?
Non fatelo sapere in Gat,
non l'annunziate per le vie di Ascalon,
non ne faccian festa le figlie dei Filistei,
non ne esultino le figlie dei non circoncisi! [...]
Giònata, per la tua morte sento dolore,
[Giònata, fratello mio]
l'angoscia mi stringe per te!
[il mio cuore si spezza per te!]».

Del dolore della separazione parlano anche le lacrime di Gesù davanti al tumulo dell'amico morto: «Quando Maria giunse dove si trovava Gesù, appena lo vide si gettò ai suoi piedi dicendogli: "Signore, se tu fossi stato qui, mio fratello non sarebbe morto!". Gesù allora, quando la vide piangere, e piangere anche i Giudei che erano venuti con lei, si commosse profondamente e, molto turbato, domandò: "Dove lo avete posto?". Gli dissero: "Signore, vieni a vedere!". Gesù scoppiò in pianto. Dissero allora i Giudei: "Guarda come lo amava!" ["Guardate come era suo amico!"]» (Gv 11,23-36).

San Gregorio Nazianzeno e san Basilio nacquero nello stesso anno, il 330. Si conobbero ancora adolescenti, a Cesarea in Cappadocia, ma fu ad Atene che, in qualità di compagni di studio, divennero amici. «Come la corrente di un fiume che parte da una fonte unica... così Basilio ed io», scriverà più tardi Gregorio, evocando quegli anni. Avevano temperamenti molto diversi: Basilio possedeva una personalità forte ed energica, mentre Gregorio era di animo poetico, più propenso alla contemplazione. Ma, anche in momenti di grande tensione reciproca, l'affetto mutuo non vacillò mai. Basilio muore nel Gennaio del 379, a soli quarantanove anni d'età. Spettò a Gregorio pronunciare l'omelia nella messa d'addio. È un'indimenticabile testimonianza di amicizia: «Condividendo lo stesso tetto, la stessa tavola, la stessa vita, lo stesso orizzonte, unificavamo ogni giorno il nostro comune desiderio con più calore e più forza. Se c'era lotta fra noi, non era per ottenere il primo posto, ma per trovare il modo di cedercelo l'un l'altro. Perché ciascuno di noi considerava l'esito ottenuto dall'altro come se fosse anche suo. Noi avremmo creduto di condividere entrambi una sola anima, responsabile di due corpi».

Gli amici ci trasformano in eredi

Alcuni amici ci trasformano in eredi di un luogo, altri di una dimora, altri ancora di una ragione per la quale vivere. Taluni amici ci lasciano, dopo il viaggio, una mappa, o un'imbarcazione in una qualche insenatura, ancora nascosta dal fogliame, o quell'azzurro indifeso e irresistibile che è servito loro come motivo della loro ricerca. Ci sono amici che ci iniziano alla decifrazione del fuoco, all'ascolto dei silenzi della terra, alla comprensione di noi stessi. Ci sono amici che ci conducono al centro dei boschi, alla geografia delle città, al segreto che illumina la penombra del tempio, alla bontà di Dio.

Attraverso gli amici scopriamo la vastità di un mondo interiore, intatto ed errante come un paesaggio dal fondo dei mari, e, in questo modo, primordiale e delicato, nascosto e sublime. Dagli amici riceviamo il soccorso, quando ci mancano le parole (o qualcosa che neanche sappiamo cosa sia, ma che forse non sono nemmeno parole) per misurare in noi l'altezza della gioia e del dolore. Il loro sguardo è un dono affidato alla vita; è respiro, soffio, energia pura; ed ha per noi un inesauribile potere riparatore.

Gli amici sopportano con noi, accanto a noi, il duro e leggerissimo mistero dell'esistenza. Anche quando i giorni impallidiscono o si frantumano, l'amicizia ha la capacità di ricollegare, a partire dal più profondo, le punte mozzate e disperse, gli opposti indicibili dell'anima: la notte e il giorno, il dolore e il riso, l'azione e la contemplazione, la vita e la morte.

Forse la cosa più feconda che ci possiamo domandare quando i nostri amici muoiono, non è «perché essi sono partiti?». La domanda la cui risposta ci costerà tutto il resto della vita, sempre in totale gratitudine, è invece: «perché essi sono venuti?».

BIBLIOGRAFIA

Aa.Vv., *L'Avventura dell'amicizia*, Qiqajon, Bose 2007.
Giorgio Agamben, *L'amico*, Nottetempo, Roma 2007.
Agostino di Ippona, *Confessioni*, Bompiani, Milano 2012.
Aelredo di Rievaulx, *L'amicizia Spirituale*, Paoline, Milano 2004.
Paul Auster, *L'invenzione della solitudine*, Einaudi, Torino 2005.
Massimo Baldini, *L'amicizia secondo i Santi e i Mistici*, Queriniana, Brescia 1998.
Roland Barthes, *Mitologie*, Pratiche, Parma 1987.
Lytta Basset, *La Joie Imprénable*, Labor et Fides, Ginevra 1996.
Charles André Bernard, *Teologia Affettiva*, San Paolo, Milano 1985.
Claire Bidart, *L'Amitié, un Lien Social*, La Découverte, Parigi 1997.
Maurice Blanchot, *L'amicizia*, Marietti, Genova 2010.
Allan David Bloom, *Love and Friendship*, Simon & Schuster, New York 2000.
Dietrich Bonhoeffer, *Résistance et Soumission*, Labor et Fides, Ginevra 1963.
Martin Buber, *L'io e il tu*, Bonomi, Pavia 1991.
José Maria Zamora Calvo (ed.), *La Amistad en la Filosofía Antigua*, Universidad Autónoma de Madrid, Madrid 2009.
Liz Carmichael, *Friendship: Interpreting Christian Love*, T. and T. Clark, Londra - New York 2006.

Michel De Certeau, *La Faiblesse de Croire*, Seuil, Parigi 1987.
Cicerone, *L'Amicizia*, BUR, Milano 2010.
René Coste, *L'Amitié avec Jésus*, Cerf, Parigi 2012.
Jacques Derrida, *Politiche dell'Amicizia*, Raffaello Cortina, Milano 1996.
Françoise Dolto, *Solitude*, Folio, Parigi 1994.
Dimitri El Murr (ed.), *L'amitié*, Flammarion, Parigi 2001.
André Feuillet, *Le Mystère de l'Amour Divin dans la Théologie Johannique*, Gabalda, Parigi 1972.
John T. Fitzgerald (ed.), *Friendship, Flattery and Frankness of Speech: Studies on Friendship in the New Testament World*, E.J. Brill, Leiden - New York 1996.
Francesco di Sales, *Introduction à la Vie Dévote*, Beauchesne, Parigi 1923.
Marco Garzonio, *Lazzaro: L'Amicizia nella Bibbia*, Paoline, Milano 1994.
Maurice Godelier, *L'Enigma del Dono*, Jaca Book, Milano 2012.
Gregorio di Nazianzo, *Orazione funebre per Basilio il Grande*, in *Discorsi 42-43*, Cerf, Parigi 1983.
Arno Gruen, *Il tradimento di Sé*, Feltrinelli, Milano 1992.
Jean-Marie Gueullette, *L'amitié dans la communauté: les enjeux théologiques d'une histoire complexe*, in *Revue des sciences philosophiques et théologiques*, 2/2003, pp. 199-219.
Jean-Marie Gueullette, *L'Amitié, une Épiphanie*, Cerf, Parigi 2004.
Simon Légasse, *L'étendue de l'amour interhumain d'après le Nouveau Testament: limites et promesses*, in *Revue théologique de Louvain*, 8, 1997, pp. 137-159; pp. 293-304.
Claude Lévi-Strauss, *Il Crudo e il Cotto*, Il Saggiatore, Milano 2008.
Clarice Lispector, *A Descoberta do Mundo*, Rocco, Rio de Janeiro 1999.
Ramon Llull, *Il Libro dell'Amico e dell'Amato*, Noubs, Chieti 2011.

Benito Marconcini, *Gli Amici di Dio. Nelle Più Belle Pagine della Bibbia*, Paoline, Milano 2007.
Raissa Maritain, *I Grandi Amici*, Vita e Pensiero, Milano 1991.
Montaigne, *Sull'Amicizia*, La Vita Felice, Milano 2008.
Friedrich Nietzsche, *La Gaia Scienza*, Adelphi, Milano 1977.
Virgilio Pasquetto, *Il "Volto amico" di Dio Disegnato dalla Bibbia*, Libreria Editrice Vaticana, Città del Vaticano 2010.
Platone, *Il Simposio*, Einaudi, Torino 2009.
Timothy Radcliffe, *Je vous Appelle Amis*, Cerf-La Croix, Parigi 2000.
Matteo Ricci, *Dell'amicizia*, Quodlibet, Macerata 2005.
Ermes Ronchi, *I Baci non Dati*, Paoline, Milano 2007.
Seneca, *Lettere a Lucilio*, Mondadori, Milano 2007.
George Steiner, *Fragments (un peu roussis)*, Pierre-Guillaume de Roux, Parigi 2012.
Simone Weil, *Attesa di Dio*, Adelphi, Milano 2008.
Oscar Wilde, *Il Principe Felice e altre Storie*, Mondadori, Milano 2001.

INDICE

Presentazione a due voci	pag.	7
Introduzione	»	11
I. E SE PARLASSIMO DI AMICIZIA INVECE CHE DI AMORE?	»	13
La differenza tra l'amore e l'amicizia	»	15
Elogio dell'amicizia nella costruzione del cammino del credente	»	17
Dio bussa alla nostra porta e non la scardina	»	19
L'amicizia è un passare	»	21
Amare Dio in cambio di niente	»	22
Non c'è bisogno di parlare	»	24
La poetica dell'amicizia	»	25
II. FIGURE BIBLICHE DELL'AMICIZIA	»	28
Dio e Abramo	»	29
Dio e Mosè	»	30
Rut e Noemi	»	31
Giònata e Davide	»	32
Davide e Barzillài	»	34
Eliseo e la Sunamita	»	35
Gli amici di Giobbe	»	36
Il mio amico aveva una vigna	»	37
Gesù e Lazzaro	»	38
Paolo e i coniugi Prisca e Aquila	»	40

III. Pensare l'amicizia pag. 43

Passaggio dal sensibile all'intellegibile » 44
La ricerca disinteressata del bene » 45
Non chiedere niente di vergognoso, niente di vergognoso concedere » 47
Solo il saggio sa amare » 48
Perché era lui. Perché ero io » 48
Il mio amico non è altro che la metà di me » 49
Là dove non esistono diritti di proprietà » 51
Parallele che si incontrano all'infinito » 52
Ciò che separa diventa relazione » 53
Oh amici, non esistono amici » 54

IV. Cosa significa vivere l'amicizia con Dio » 56

Accettare l'enigma » 57
Riconoscere che Dio abita in me. Ma come? » 57
L'amicizia come esperienza di corrispondenza » 59
L'amicizia come esperienza di distinzione » 61
Lo Spirito è il terzo » 63
Il nostro amico è uno sconosciuto » 64
Il visibile è solo la sponda discreta » 65

V. Vi ho chiamato amici » 67

Il discepolo amico » 68
Non servi, ma amici » 70
Sei davvero mio amico? » 71

VI. La presenza come dono pag. 73

L' «oggi» dell'amicizia » 74
La vita è mistero di visitazione » 76

VII. Dio in cucina » 79

Entrate nella stanza più segreta » 81
Dicotomie dello spazio interiore » 82
Pensare Dio a partire dal crudo e dal cotto » 83
Dio è visibile, noi siamo invisibili » 85
Una mistica del quotidiano » 86
Il dare e il ricevere » 88
Quando Gesù cucinò all'alba » 90
Dall'ornamentale al reale: ritrovare il filo del desiderio » 92

VIII. A tavola, assaporiamo l'amicizia di Gesù » 94

Il significato antropologico del «mangiare in compagnia» » 94
Un ideale biblico » 96
Gesù, ospite dei farisei » 98
Gesù, amico dei peccatori » 99
Ciò che ci impedisce la gioia » 102

IX. Un amico è un testimone » 105

Un amico è un testimone » 106
Sarete miei testimoni » 107
Essere cristiano oggi » 108

X. L'AMICIZIA SPIRITUALE pag. 111

Cosa possiamo intendere
per «amicizia spirituale» » 111
La sete di amicizia è una sete di verità » 112
L'amicizia è una teofania » 115
Una teologia impressa nell'esperienza » 116
Il ruolo spirituale dell'amico » 117
Amare in Terra come si ama in Cielo » 118
Spirituale, ma senza ingenuità » 120

XI. AMICI, AMICI, AFFARI A PARTE? » 122

La farina è una cosa e l'amicizia un'altra » 123
Possiamo contare soltanto
sul guadagno del fornaio? » 126
Cosa ha fatto di te il tuo denaro? » 126

XII. L'ELOGIO DEL GRATUITO » 129

Credete alla vita prima della morte? » 130
Spazio per l'autenticità » 131

XIII. AMARE L'IMPERFEZIONE » 133

Amore e verità si sono incontrati » 135
La nostra umanità è narrativa di Dio » 136

XIV. IL PICCOLO VANGELO DELLA GIOIA » 137

La Gioia che ci fa fremere » 137
Cosa ne abbiamo fatto
del Vangelo della Gioia? » 138
La difficoltà nell'incontrare la Gioia » 140

La Gioia è un apprendimento pag. 141
Il dolore scava in noi ciò che la Gioia
viene poi a colmare » 142
Il pessimismo è più facile » 143
L'amicizia è una fonte di Gioia » 144
1. Saperci promessi alla Gioia » 146
2. La Gioia è una forma di ospitalità » 147
3. Solo un cuore semplice
è capace di Gioia » 148

XV. L'umorismo di Dio » 150

Dio mi fa ridere » 151
Il riso ci conduce alla sapienza » 152
Insaporire con l'umorismo la preghiera » 155
Umorismo e profezia » 156
Convertirsi attraverso l'umorismo » 157
Accettando il fiume Giordano
della nostra vita » 159
L'umorismo di Gesù » 160
La creazione è la danza di Dio » 161

XVI. Paolo, maestro di Gioia cristiana » 163

La Gioia e il Mistero di Cristo » 163
La Gioia e lo Spirito Santo » 166
La Gioia e la comunità ecclesiastica » 167
Il cammino della Gioia » 171
Gioia ed escatologia » 174

XVII. Il ragazzo, l'angelo e il cane » 175

La raganella è un capolavoro dei più alti » 177
Possiamo essere amici di un fiore? » 180

XVIII. AMICO, PERCHÉ SEI VENUTO? pag. 181

Solo chi mi ama mi può tradire » 182
La storia di Giuda, un amico di Gesù » 183
Che significa la parola amico? » 186
La scena del tradimento » 188
Le ragioni di Giuda » 189
Entrare nella notte » 192
Sono forse io, Signore? » 193

XIX. LADRONI FELICI IN PARADISO » 195

Accettare la vulnerabilità di Dio » 199
Accettare le nostre lacrime » 201
Ladroni felici in paradiso » 205

XX. LA SOLITUDINE E IL SILENZIO » 208

Spazio per la caduta e spazio per il passo » 209
Una specie di pedagogia del silenzio » 210
Il silenzio nella tradizione cristiana » 211
La scuola del silenzio » 214
Chi sa usare il silenzio, sa usare il tempo » 216
Gli amici sono maestri del silenzio » 218

XXI. MOLTE VOLTE PRENDIAMO CONGEDO GLI UNI DAGLI ALTRI » 219

Il dolore della separazione » 220
Gli amici ci trasformano in eredi » 221

Bibliografia » 223

Spiritualità del quotidiano

Testi che offrono preziose riflessioni per crescere nella vita spirituale e affrontare con sapienza il cammino di ogni giorno.

1. Carlo Maria Martini, *Io vi sarò propizio. Dio consola il suo popolo*
7. Luigi Pozzoli, *Elogio della piccolezza*
8. Anna Maria Cànopi, *Il deserto diventerà giardino. Meditazioni sul Vangelo*
10. Daniele Garota, *Il coltello di Abramo. La fede tra domanda e paradosso*
11. Tonino Bello - Giuliana Martirani, *Fotografie del futuro. Le Beatitudini come stile di vita*
13. José Luis Vázquez Borau, *Charles de Foucauld e la spiritualità di Nazaret*
14. Sabino Palumbieri, *Una bella notizia per te. Introduzione a un cristianesimo gioioso*
15. Angelo Comastri, *Madre Teresa. Una goccia d'acqua pulita*
16. Aa.vv., *Testimoni dello Spirito. Santità e martirio nel secolo XX*
17. Franco Castellana, *Una tenda per Dio. Lasciarsi abitare dal divino*
18. Ermes Ronchi, *Dieci cammelli inginocchiati. Variazioni sulla preghiera*
19. Franco Giudice, *Come un tesoro nel campo. La ricchezza della proposta cristiana*
20. Daniele Garota, *La roccia e il martello. Sui sentieri della Scrittura sacra. Domenica per domenica Anno A B C*
21. Carsten Peter Thiede, *Ma tu chi sei, Gesù? Alla scoperta del Maestro con Pietro, Giovanni il Battista, Caifa, Pilato e Saulo*
22. Corrado Maggioni, *Eucaristia. Il sigillo sul cuore della sposa*
23. Andrea Mardegan, *Ho desiderato ardentemente. Incontrare Cristo nell'Eucaristia*
26. Giovanni Vannucci, *Il passo di Dio. Meditazioni per l'Avvento*
27. Joseph Ratzinger, *Cercate le cose di lassù. Riflessioni per tutto l'anno*
29. Ermes Ronchi, *Le case di Maria. Polifonia dell'esistenza e degli affetti*
30. Aa.vv., *Lo straniero: nemico, ospite, profeta?*
31. Gabriele Bentoglio, *Stranieri e pellegrini. Icone bibliche per una pedagogia dell'incontro*
32. Aa.vv., *Ricordati dell'amore. I sedotti da Dio*
33. Ermes Ronchi (a cura di), *I racconti di Pasqua*
34. Daniele Garota, *Cosa crede chi crede? Alle radici della fede*
35. Anselm Grün, *Sopravvivere lavorando. Manuale antistress*
36. Aa.vv., *Perdere il cuore. I racconti dell'amore vero*
37. Lia Beltrami, *Donne della risurrezione sulle strade del mondo*
38. Giuseppe Pollano, *Carità civilizzatrice. Un popolo dal cuore nuovo*
39. Anselm Grün, *Essere liberi per essere veramente se stessi*
40. Aa.vv. - Natalino Valentini (a cura di), *Ma voi chi dite che io sia? Sguardi sul mistero di Cristo*

41. Fortunatus Nwachukwu, *Togliti i sandali. Il coraggio di cambiare*
42. Antonio Thellung, *L'inquieta felicità di un cristiano*
43. Dolores Aleixandre, *La bellezza della sera. Vivere bene il passare degli anni*
44. Anselm Grün, *Che cosa c'è dopo la morte? L'arte di vivere e morire*
45. Gianfranco Ravasi, *I Vangeli del Dio con noi*
46. Stefano Zamboni, *Libertà. Provocazioni bibliche*
47. José Antonio Pagola, *Perché credere? Dialogo con i cercatori di Dio*
48. Gianfranco Ravasi, *I Vangeli del Dio risorto*
49. Anselm Grün - Friedrich Assländer, *Non ho tempo! L'arte di averne di più e vivere meglio*
50. Francesco Rossi De Gasperis, *Sentieri di vita – 1. La dinamica degli Esercizi Ignaziani nell'itinerario delle Scritture – 1. Principio e Fondamento e Prima Settimana*
51. Francesco Rossi De Gasperis, *Sentieri di vita – 2.1. La dinamica degli Esercizi Ignaziani nell'itinerario delle Scritture – 2.1. Seconda Settimana – Prima Parte*
52. Francesco Rossi De Gasperis, *Sentieri di vita – 2.2. La dinamica degli Esercizi Ignaziani nell'itinerario delle Scritture – 2.2. Seconda Settimana – Seconda Parte*
53. Francesco Rossi De Gasperis, *Sentieri di vita – 3. La dinamica degli Esercizi Ignaziani nell'itinerario delle Scritture – Terza e Quarta Settimana – I Misteri della Pasqua del Messia Gesù*
54. Pietro Schiavone, *Il discernimento. Teoria e prassi*
60. Christoph Schönborn, *La gioia di essere prete. Sui passi del Curato d'Ars*
61. Aa.vv. - Natalino Valentini (a cura di), *"E di me sarete testimoni"*
62. Andrea Mardegan, *Più gioia in cielo*
63. Anselm Grün, *Il Padre Nostro. Come pregarlo, come viverlo*
64. Carlo Maria Martini, *Parole per vivere*
65. Ufficio Catechistico Diocesano di Verona - Ezio Falavegna (a cura di), *Fede, Speranza e Carità. Percorso di vita orientato dalla Parola*
66. Giuseppe Forlai, *Incontrare l'Inatteso. Vita cristiana per gente perplessa*
67. Gianluigi Corti, *Glorifica il tuo Figlio. Commento alla preghiera sacerdotale*
68. Antonio Bongiorno, *Ave mistico fiore. Pregare con le icone della Vergine Maria*
69. Aa.vv. - Natalino Valentini (a cura di), *È in Te la sorgente della vita. Con Cristo o senza Cristo cambia tutto*
70. Antonio Thellung, *Una saldissima fede incerta che cosa si può credere oggi?*
71. Anselm Grün - Jochen Zeitz, *Dio, i soldi e la coscienza. Un monaco e un manager in dialogo*
72. Ermes Ronchi, *Natale. L'abbraccio di Dio*
73. José Tolentino Mendonça, *Il tesoro nascosto. Per un'arte della ricerca interiore*
74. Anselm Grün - Peter Müller, *Perché digiunare? Un percorso di conoscenza e di cambiamento*

75. Dom Guillaume, *Sui sentieri del cuore. Con l'evangelista Marco*
76. Benedetto XVI - Giuliano Vigini (a cura di), *La famiglia, speranza della Chiesa e della società*
77. Valentino Salvoldi, *Respirare l'amore. Per una spiritualità di condivisione*
78. Arturo Paoli - Dino Biggio, *Mi formavi nel silenzio. Costruttori di gioia*
79. Aa.vv. - Guido Benzi (a cura di), *Fede cercata, fede professata. «Credo; aiuta la mia incredulità!» (Mc 9,24)*
80. Vincenzo Bertolone, *Cataldo Naro, un pastore abitato dal Signore. Il Vangelo dispiegato in Sicilia*
81. Lia Beltrami, *Sulle vie della speranza. Giuseppe e Miriam ieri e oggi*
82. Maria Pia Giudici, *Sussurri e grida del creato. Risonanze salmiche*
83. Joan Chittister - Williams Rowan, *Una singolare gratitudine. Riconoscere il Dio nascosto*
85. Ermes Ronchi - Marina Marcolini, *Le ragioni della speranza Commenti ai Vangeli domenicali Anno C*
86. Jean-Marie Gueullette, *La preghiera silenziosa. Stare alla Presenza*
87. Anna Maria Galliano, *Stupore di Natale. Un adorato incontro*
88. Enrico Masseroni, *Il Vangelo buona notizia per la città. Un vescovo parla al suo popolo*
89. Aa.vv. - Ermes Ronchi (a cura di), *Città amata e temuta. Una via urbana alla spiritualità*
90. Filippa Castronovo, *Pellegrini nella fede. Sulle orme di Abramo e di Sara*
91. Daniele Garota, *Tra conoscenza e grido. Le dinamiche della fede*
92. Dom Guillaume, *Toccati dall'amore. Meditazioni sul Vangelo di Giovanni*
93. Yves Bériault, *Etty Hillesum. Testimone di Dio nell'abisso del male*
94. Aa.vv. - Vittorio Metalli (a cura di), *La forza e la bellezza della fede. Meditazioni sul mistero cristiano*
95. Anselm Grün, *Radici. Un saldo sostegno nella vita*
96. Giuseppe Alcamo, *Il profeta Elia. La voce scomoda di Dio*
97. José Tolentino Mendonça, *Nessun cammino sarà lungo. Per una teologia dell'amicizia*

«Trovare un tesoro non significa possederlo»: lo scopritore, infatti, deve prima «andare a vendere tutti i suoi averi per comprare il campo».

«Trovare il tesoro» è perciò soltanto l'inizio, un inizio che ci lancia verso una più profonda ricerca di Dio per scoprire, nel fondo di noi stessi, che la vita spirituale non è una conquista da difendere, ma un dono da far crescere e da condividere.

In un dialogo costante tra ricerca interiore e apertura alla cultura contemporanea, attraverso l'interpretazione sapiente della parola di Dio, l'Autore indica un itinerario per una maturazione spirituale che si esprima nelle relazioni e nelle situazioni che ciascuno di noi affronta quotidianamente.

Paoline
EDITORIALE LIBRI

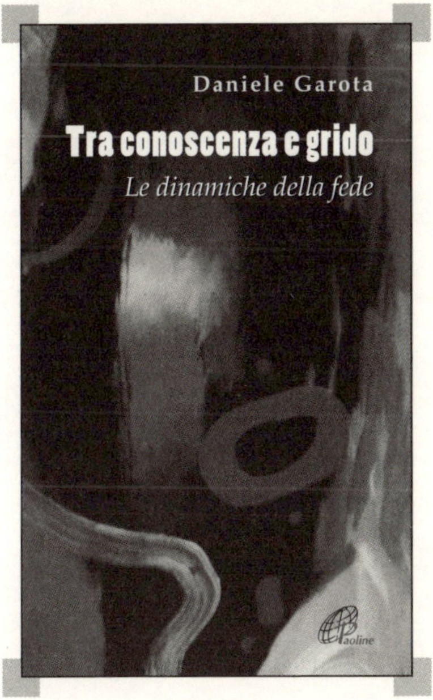

Un uomo molto informato, che molto confida in quel che sa e quel che è, è un uomo che spera poco, che riduce l'orizzonte della speranza a quel che conosce, dunque a un orizzonte molto limitato. Fede e speranza trovano respiro nel non detto, nelle lacrime, nell'inquietudine di chi ancora non sa e non vede.

La fede ha cose difficili da comprendere, sofferte, cose senza le quali non si arriva né all'umiltà né alla serietà del credere. E nemmeno a scoppiare in pianto e gridare, come è più volte accaduto anche al Signore.

Paoline
EDITORIALE LIBRI

Stampa: Àncora Arti Grafiche - Milano - 2013